行走晋南

WALKING OF JINNAN

古中国人文之旅

李广洁
管　喻　著

山西出版传媒集团
三晋出版社

图书在版编目（CIP）数据

行走晋南：古中国人文之旅 / 李广洁，管喻著．
—太原：三晋出版社，2024.5
ISBN 978-7-5457-2966-5

Ⅰ．①行… Ⅱ．①李… ②管… Ⅲ．①文化史—山西
—通俗读物 Ⅳ．① K292.5-49

中国国家版本馆 CIP 数据核字（2024）第 103909 号

行走晋南：古中国人文之旅

著　　者：李广洁　管　喻
责任编辑：任俊芳
助理编辑：董　颖　谢啸天
责任印制：李佳音
书籍设计：张婵媛　荆　伟
出　　品：若朴文化工作室

出 版 者：山西出版传媒集团·三晋出版社
地　　址：太原市建设南路 21 号
电　　话：0351－4956036（总编室）
0351－4922203（印制部）
网　　址：http://www.sjcbs.cn

经 销 者：新华书店
承 印 者：山西新华印业有限公司

开　　本：710mm × 1000mm　1/16
印　　张：22.25
字　　数：240 千字
版　　次：2024 年 5 月　第 1 版
印　　次：2024 年 6 月　第 1 次印刷
书　　号：ISBN 978-7-5457-2966-5
定　　价：88.00 元

如有印装质量问题，请与本社发行部联系　电话：0351-4922268

在我的认识里，中国是有三块地方很值得行走的，一是山西的运城和临汾一带，二是陕西的韩城、合阳、朝邑一带，再就是甘肃陇右了。这三块地方历史悠久，文化淳厚，都是国家的大德之域，其德刚健而文明，却同样的命运是它们都长期以来被国人忽略甚至遗忘。现代的经济发展遮蔽了它们曾经的光荣……

——贾平凹《定西笔记》

序

晋南
中国最值得行走的人文胜地

晋南古称河东，包括今天的运城、临汾两市。从地理上来看，晋南大部分地方处于黄河以东、太岳山以西、韩信岭以南、中条山以北的临汾盆地和运城盆地。汾河下游和涑水河流域的肥沃土地、天然的河东盐池，使晋南的文明发祥很早。从240万年前的芮城县西侯度遗址，到60万年前的芮城县匼河遗址，再到30万—2.6万年前的襄汾县丁村遗址，2万—1万年前的吉县柿子滩遗址，7000年前的翼城县枣园遗址，6000年前的夏县西阴村遗址、万荣县荆村遗址，直到4300年前的襄汾县陶寺遗址，在晋南地区形成了连绵不断、环环相扣的人类古文明发展链条，这在全国范围内也是罕见的。晋南地区还有全国最完整的尧、舜、禹传说体系，尧都平阳、舜都蒲坂、禹都安邑，都在古河东。

晋南地区在商周时期有“夏墟”“大夏”之称，说明了这里与夏文明关系密切。晋南地区也是周人的先祖后稷的重要活动区域，今万荣、稷山、新绛、闻喜一带分布着全国最密集的高等级的稷王庙遗存，其中万荣县太赵村的稷王庙建于宋代，是我国现存唯一的宋代庑殿顶建筑；新绛县稷益庙的明代壁画，是国内少见的以农耕文明为题材的壁画；稷山县稷王庙，则以精美的石雕享誉海内。晋南地区的后稷崇拜从春秋时期开始，延续了2600多年，是全国后稷崇拜时间最早、历时最长、文化遗存最多的地区。3000年前，周武王的第三个儿子叔虞被分封到汾河下游的古唐国，他的儿子改唐为晋，拉开了晋国辉煌600年的帷幕。近年来依托“曲村－天马遗址”兴建的曲沃县晋国博物馆，是山西省首座大型遗址博物馆，也是第一座晋文化专题博物馆。博物馆内展示了晋侯墓地出土的大量文物，采取以文物说史的方式，用3000多件文物将600余年的晋国历史呈现出来。从汉武帝到河东汾阴（今山西省运城市万荣县）祭祀后土开始，晋南地区的后土崇拜延续了2100多年。汾阴后土祠是全国后土庙的祖祠，宋朝时期的汾阴后土祠是“天下祠庙之冠”。从金天会十五年（1137）刻立的《后土祠庙貌碑》可以看出，明清北京故宫的建筑格局、天坛的建筑形制，均与宋代的汾阴后土祠有渊源关系。为纪念汉武帝的《秋风辞》而建的秋风楼，至今还屹立在黄河之滨的古庙内。

晋南地区遗存着不少名扬海内的元、明、清时期的古寺名刹，如洪洞县广胜寺、永济市普救寺、稷山县青龙寺、新绛县龙兴寺等，其中广胜寺几座木构大殿的建筑和彩塑、青龙寺的壁画，都是元代建筑与艺术的代表。

晋南地区还是道教的重要传播区域，遗存了一批著名的道教建筑，如建于唐大和五年（831）的芮城县广仁王庙（建筑时间仅次于五台山南禅寺）、建于元代的芮城县永乐宫。

这些举世闻名的佛教、道教建筑中，大多绘制有十分精美的壁画，尤其是永乐宫壁画、水神庙壁画和青龙寺壁画共同构成了晋南元代壁画群，奠定了晋南在我国元代壁画艺术史上的领军地位。

晋南临近古都长安，蒲州、绛州在隋唐时期的地位非同一般，新绛县的绛守居园池、永济市蒲州古城附近的开元铁牛，就是大唐文明留在河东大地上的遗韵。

宋、金、元时期，晋南成为中国戏剧的摇篮。在全国仅存的几座金元戏台中，晋南地区就有尧都区魏村牛王庙戏台、永济市董村三郎庙戏台等 7 座。在稷山、新绛、侯马等地出土的宋金墓中，有许多有关戏剧的砖雕，反映了 800 多年前晋南地区戏剧活动的繁荣。

籍贯运城的三国名将关羽，被后世奉为忠义的楷模、神勇的化身，从宋代开始，朝廷对关羽的加封不断升级，清顺治九年（1652），关羽的封号达到了至尊地位——“忠义神武关圣大帝”。明清时期，位于解州的关帝庙是全国最大的关帝庙，被誉为“武庙之祖”“武庙之冠”。现存的解州关帝庙重修于清代，整个建筑群按宫殿式布局，中轴对称，布局严整，宛如一座宫城。

在古老的河东盐池之滨，有创建于唐代、重修于明清时期的池神庙，这是国内唯一的官方祭祀盐池之神的庙宇，清代康熙皇帝曾莅临拜谒。池神庙建筑布局特殊，三座大殿的形制、规模、结构几乎完全相同，比肩为邻，并列尊位，在中国古代庙宇建筑史上绝无仅有。

作为古建筑大省山西重要组成部分的晋南，还有不少享誉全国的古建筑，像洪洞县广胜寺的琉璃塔，是国内现存最大的明代琉璃塔，是明代琉璃建筑的代表作品；万荣县东岳庙的飞云楼，全楼纯木结构，345组斗拱密集排列，其结构之巧妙、造型之精美、外观之壮丽，堪称我国木结构楼阁建筑之杰作，被誉为“中华第一木楼”；襄汾县的汾城，曾作为县城历经1300多年，一直到与襄陵县合并为襄汾县为止，这里留下了大批的金、元、明、清古建筑，时间跨度700余年，成为中国古代县城建筑的标本之一；蒲县的东岳庙，是国内体系最完整的东岳庙建筑；襄汾县的丁村明清民宅，是明清时期北方典型四合院格局的民宅建筑群，现存较好的有40座院落，建筑时间跨度长达300多年，是研究北方民宅布局和建筑形式的重要实例；明清时期赫赫有名的晋商从晋南起步，万荣县的李家大院就是清代后期晋商在晋南地区营造的代表性建筑，这个中西合璧、南北交融的古建筑群，有着大量的慈善元素，彰显了大院主人“善行天下”的独特理念。

晋南的运城、临汾两市，几乎每个县都有国保级的文物保护单位。依据2019年的数据，山西省有国保单位531处，在全国遥遥领先，其中运城境内有102处国保、临汾境内有54处国保，合计156处，占全省的近30%。全国有17个省（市）的国保数量不足150处，由此也可以看出晋南地区在全国的历史人文地位。

黄河、汾河、涑水、盐湖、太岳、中条，名山大川之间的晋南古韵悠悠。面对厚重的历史文化、精美的文明遗存，我们不妨行走在晋南大地，感受、触摸有温度的唐风宋韵，领略、欣赏闻名海内外的壁画、彩塑、古楼、名塔。行走晋南之后，读者也就不难得出“晋南——中国最值得行走的人文胜地”

这样的结论。

晋南各处的人文胜地，即便是在每年的“黄金周”，大部分地方也没有出现游客人满为患、影响欣赏的现象。晋南是一个在任何时间都适合充分游览的地方。

为了给感兴趣的读者提供一册便于游览晋南的概要性、线索性的图书，笔者近两年行走于晋南各地，考虑交通便利、人文景观相对集中、可看性较高等因素，从 30 个县中选择了 14 个县 40 多处适合深度旅游的地方，用图文并茂的形式展现给大家。本书如能对读者有所裨益，笔者将深感欣慰。

李广洁

2020 年 5 月初稿

2024 年 1 月二稿

目录

YONGJI SHI

永济市

永济市境内的行走路线：
从鹳雀楼向东 2 千米至蒲津渡遗址博物馆，
从蒲津渡遗址博物馆向东 4 千米至普救寺。

鹳雀楼

一个永恒的文化符号

白日依山尽，黄河入海流。

欲穷千里目，更上一层楼。

盛唐诗人王之涣的这首《登鹳雀楼》，被誉为“千古绝唱”。鹳雀楼也因此诗扬名千年。

鹳雀楼原在黄河之中的河心洲上

古鹳雀楼位于山西省西南部蒲州城西黄河之中的河心洲上，始建于北周时期，历经隋、唐、五代、宋、金600余年，金元之际毁于战火。2002年重修于黄河之滨。

作为中国古代四大名楼（其他三座名楼：黄鹤楼、岳阳楼、滕王阁）之一，鹳雀楼在建造之初并不是用来观赏风景的。

公元6世纪前后，蒲州的战略位置十分重要，地处黄河与中条山、华山的交汇要冲，向南威慑潼关天险，在长安通往洛阳800多里的通道上占据扼要之位。失去河东，西面的关陕地区和东面的河洛地区都有兵临城下的危险。所以《蒲州府志》说："蒲为郡，被河山之固，介雍（指今陕西省）、豫（指今河南省）之交。"北魏时，曾在这里设置过雍州、泰州。孝静帝天平四年（537），东魏在与西魏的战争中失败，西魏的势力进入河东地区，控制了战略要地泰州。后来取代西魏的北周（557—581）对泰州更是格外重视，在北周统治初年，即558年，改泰州为蒲州，蒲州一名从此沿用至今。为了重点经营河东地区，北周政权的操控者宇文护任命儿子宇文训为蒲州刺史，鹳雀楼就是在这时兴建的。据《北史·崔弘度传》记载："时（宇文）护子中山公训为蒲州刺史，令弘度从焉。尝与训登楼，至上层，去地四五丈，俯临之。训曰：'可畏也！'弘度曰：'此何足畏？'欻掷下，至地无所损，训大奇之。"宇文训与崔弘度所登的高楼即鹳雀楼，楼高三层（宋代沈括的《梦溪笔谈》中说道："河中府鹳雀楼三层，前瞻中条，下瞰大河。唐人留诗者甚多。"），约15米。鹳雀楼建在蒲州城西黄河中的河心洲上，当时在河心洲上建有中潬城（唐代张说的《蒲津桥赞》有云："结而为连锁，镕而为伏牛。偶立于两岸，襟束于中潬。"），因河心洲地势高，建于其上的鹳雀楼巍峨壮观，具有了"迥标碧空""迥临飞鸟上"的气势。

当时修建的高楼纯粹是为了军事用途，既可以镇守通往河西的黄河浮桥，也有向北面的北齐宣示武力的意图。这座建于黄河河洲上的高楼，有河滩上的鹳雀常到楼上栖息，人们便把这座高楼称为鹳雀楼。

明末顾炎武有诗作《蒲州西门外铁牛》，其自注云："旧有鹳雀楼，在城西南黄河中高阜处，时有鹳雀栖其上，遂名。后为河流冲没，即城角楼名之，以存其迹。"

唐代的鹳雀楼

唐代李翰《河中鹳雀楼集序》说到唐代鹳雀楼的盛况："后周大冢宰宇文护军镇河外之地，筑为层楼，遐标碧空，影倒洪流，二百余载，独立乎中州。以其佳气在下，代为胜概。四方隽秀有登者，悠然远心，如思龙门，若望昆仑。"唐代的蒲州城是一座繁华的军事重镇、文化之都，由蒲州通往长安的黄河上，架设着浮桥，黄河两岸有 8 只铁牛守护着浮桥，浮桥上东来西往的行旅熙熙攘攘、车水马龙。蒲州城西的鹳雀楼雄伟壮观，居河山之胜，前瞻中条，下瞰大河，西望华山，故而吸引了众多文人墨客前来观览题咏。因为歌咏鹳雀楼的作品很多，当时还专门出版了一本诗集——《河中鹳雀楼集》。

登鹳雀楼

唐　畅当

迥临飞鸟上，高出世尘间。

天势围平野，河流入断山。

同崔邠登鹳雀楼

唐　李益

鹳雀楼西百尺樯，汀洲云树共茫茫。

汉家箫鼓空流水，魏国山河半夕阳。

事去千年犹恨速，愁来一日即为长。

风烟并起思归望，远目非春亦自伤。

蒲州西门外铁牛

明末　顾炎武

唐代浮梁处，遗牛制尚新。

一朝移岸谷，千载困风尘。

失水鼋鼍没，依城鹳雀邻。

应无丞相问，傥与牧童亲。

世变形容老，年深战伐频。

无穷怀古意，舍尔适西秦。

王之涣与鹳雀楼

在唐代歌咏鹳雀楼的诗作中，以王之涣、畅当、李益三人的诗最为有名。而王之涣的《登鹳雀楼》名气最大。

王之涣与绛州有着比较深的渊源。他的五世祖王隆之为北魏绛州刺史，王家自那时起从晋阳（今山西省太原市）移家绛州，王之涣就出生于此。王之涣以善于描写边塞风光著称，其代表作《凉州词》《登鹳雀楼》家喻户晓，妇孺皆知。

王之涣的《登鹳雀楼》写出了诗人不凡的胸襟抱负，寥寥数字，山河如画，虚实相兼，眼前之景与意中之景相融，大海在望，气势万里，体现出典型的盛唐气象。在千载之后读之，犹如临其地，如见其景。“欲穷千里目，更上一层楼”，在写景中揭示出“登高才能望远”的真理，富有哲理，发人深思，因而成为千古绝唱。

诗因名楼而作，楼因名诗而显，人因佳作不朽。没有王之涣的这首《登鹳雀楼》，就没有鹳雀楼一千多年来如此高的知名度。可以说，一首名诗成就了一座名楼。也可以说，一座名楼成就了一首名诗。鹳雀楼居河山之胜：近瞻中条、远望华山、俯临黄河，王之涣在这风景如画的高楼上把他的诗歌创作提到了新高度。他的《登鹳雀楼》一诗也代表了唐诗的高度。

在王之涣之后，鹳雀楼就与这首千古绝唱一起，化为永恒的文化符号，化为中原河山的代表。南宋时，鹳雀楼所在的河东地区为金人占领，爱国诗人陆游对朝廷迟迟不能收复中原愤愤不平，他的《杂感》表达了强烈的爱国情怀，在陆游的诗中就把鹳雀楼当作中原地区大好河山的象征。

杂 感

宋 陆游

一尊易致蒲萄酒，
万里难逢鹳鹊楼。
何日群胡遗种尽，
关河形胜得重游？

鹳雀楼的替身

鹳雀楼在金元之际（1222 年）毁于战火。50 年后，元代著名诗人王恽来到蒲州，慕名拜谒鹳雀楼遗迹，写了一篇《登鹳雀楼记》，不过，他所登的是鹳雀楼的遗址。他在文章中写道："……于是俯洪河，面太华，揖首阳。虽杰观委地，昔人已非，而河山之伟，风烟之胜，不殊于往古矣。"他认为，虽然没有了鹳雀楼，但这里依然具有"河山之伟，风烟之胜"的气度。明初，鹳雀楼的旧址尚存，后来因为黄河河道东西摆动，遗址也难觅踪影。因为鹳雀楼的名气大，明清两代，人们权且把蒲州城的西城楼当作鹳雀楼，西城楼上赫然悬挂着"鹳雀楼"的匾额。登楼观景赋诗者，数百年间络绎不绝。清初尚有诗人写道："河山偏只爱人游，长挽羲轮泛夕流。千里穷目诗句好，至今日影到西楼。"清代乔光烈的《河中怀古》："无复题诗鹳雀楼，空将旧事说秦州。山河不改千年色，战伐频看异代愁。祷罢祥符沉璧马，铸残天宝剩金牛。于今禹甸归清晏，父老中蒲乐未休。"可见作为一处著名的人文景观，鹳雀楼已与河东大地、黄河、中条山、盛唐名诗融为一体，她已不只是一座古建筑，而是作为一个文化符号深入人心。

在我国建筑史上，为一座古建筑找"替身"，鹳雀楼恐怕是唯一的案例。到了 20 世纪的抗日战争时期，蒲州城的西楼被日军的飞机炸毁，人们聊以寄托情志的鹳雀楼替代物也荡然无存。

鹳雀楼作为一个著名的文化符号，作为一处影响千年的文化景观，在被焚毁近 800 年之后，重修一事终于被提上议事日程。重修工作始于 1997 年，2002 年竣工。重修的鹳雀楼距离黄河 1 千米左右。新建的鹳雀楼为仿唐形制，四檐三层，内分 6 层，总高 73.9 米，总建筑面积 33000 多平方米，成为人们感受盛唐文明、领略河东大地河山之胜、体会"欲穷千里目，更上一层楼"意境的游览胜地。

耸立在黄河之滨的鹳雀楼，是对中华河山的守望，是对盛唐文明的回望，是对唐诗和以王之涣为代表的唐代诗人的致敬！

鹳雀楼——一个永恒的文化符号。

开元铁牛

蒲津古渡的大唐遗韵

开元铁牛，位于永济市城西 15 千米处。在打捞出土的蒲津渡原址处抬升 12 米，原地保护。

开元铁牛的来历

大唐王朝定都长安（今陕西省西安市），蒲州西距长安 300 余里，东距东都洛阳近 600 里。黄河北来，中条南依，华山在望，蒲州控山带河，与关中互为表里，河洛视之为肩背。由唐代的河北道、河东道前往长安，蒲州为必经之地。唐代的蒲州城是一座繁华的军事重镇、文化之都，这里曾经两次被封为大唐的中都，与东都洛阳、北都太原并驾齐驱。王绩、王勃、王维、王之涣、柳宗元、卢纶、司空图等著名诗人，裴矩、裴寂、裴谈、裴炎、裴耀卿、裴度、裴休等著名宰相的故乡都在蒲州附近的河东地区。而设于黄河东岸的蒲津关，是屏护国都长安的东部屏障。蒲津关和南边的潼关，分别从水路和陆路扼守长安东出的要冲。

唐玄宗开元年间，举全国之力，在蒲州的黄河两岸间建造黄河浮桥。在开元之前，由蒲州通往关中的黄河上架设着普通的浮桥。河东地区盛产盐、铁，仅河东食盐的收入就占到唐王朝全年财政收入的 1/8，河东地区是唐朝的财富重地。另外，蒲州一带还盛产“白薄纸”“乾和葡萄酒”等产品。浮桥上东来西往的行旅熙熙攘攘、车水马龙，每年的过桥费收入就达两万缗，可见蒲津渡浮桥已经成为河东通往长安城的一条经济生命线。根据唐代张说（yuè）的《蒲津桥赞》，由于冬汛和春汛的冲击，固定浮桥的竹绳每年都需要修补。张说当时向唐玄宗上奏说：“域中有四渎，黄河是其长；河上有三桥，蒲津是其一。隔秦称塞，临晋名关；关西之要冲，河东之辐凑，必由是也。其旧制：横絙百丈，连舰十艘，辫修笮以维之，系围木以距之，亦云固矣。然每冬冰未合，春沍初解，流澌峥嵘，塞川而下，如础如臼，如堆如阜，或扒或掍，或磨或切，绠断航破，无岁不有。虽残渭南之竹，仆陇坻之松，败辄更之，罄不供费。津吏成罪，县徒告劳，以为常矣。”文中大意是，把渭南的竹子都用完，把陇山上的松树都伐尽，也供不上修桥所用。可见每年修桥工程之浩繁，用工用料之巨大，着实是一大笔开支。开元十二年（724），为了确保蒲津渡黄河浮桥这条经济命脉畅通无阻，唐玄宗任命兵部尚书张说主持蒲州黄河浮桥改建之事。这次改建，把原来作为地锚之用的大木桩改为巨型铁牛，把原来连接船只的竹绳改为牢固的铁链。黄河两岸各有 4 只铁牛，每个铁牛旁边立着一个铁人，两岸还有铁山、铁墩、铁柱。这次改建黄河浮桥，共计用铁 1100 多吨，相当于当时全国年产铁量的 80%。

据有关专家考证，开元年间铸造黄河铁牛、铁人时，全部是在现场一次浇铸而成。浇铸期间，黄河两岸汇集了当时大部分的熔炉，铁水顺着槽道流入模具之中，为了保证浇铸成功，模具之下还必须有火以保持铁水的温度。这次冶炼铸造工程，使用了当时世界上最先进的冶铁鼓风设备——卧轮式水排。我们可以想象河岸上人声鼎沸、铁水奔流的壮观场面。蒲津渡黄河浮桥，全面体现了我国唐代发达的冶金、铸造、雕塑、建桥技术。我们从那些栩栩如生的铁牛、惟妙惟肖的铁人中，就可以感受到盛唐文明的遗韵。

蒲津古渡唐代开元铁牛

蒲津渡浮桥的盛况

当时在黄河中心有河心洲，浮桥从黄河的东西两岸同时开始修建，各有百艘船只相连，两座浮桥相会于河心洲上，合二为一。在河心洲交汇，缩短了桥的跨度，把浮桥的重心固定在河心洲，也减轻了水流对浮桥的冲击。张说的《蒲津桥赞》云："结而为连锁，镕而为伏牛。偶立于两岸，襟束于中潭。锁以持航，牛以縶缆。"从唐开元十二年到元朝初年浮桥被烧毁的500年间，蒲津渡浮桥一直是铁牛系铁索、铁索连浮舟。在唐代，有许多诗人都对蒲津渡浮桥和河心洲上的河亭进行歌咏。这些诗句写出了蒲津渡的山水形胜与雄壮气象，读来荡气回肠。

河中陪帅游亭

唐 温庭筠

倚阑愁立独徘徊，欲赋惭非宋玉才。
满座山光摇剑戟，绕城波色动楼台。
鸟飞天外斜阳尽，人过桥心倒影来。
添得五湖多少恨，柳花飘荡似寒梅。

题河中亭子

唐 薛能

河擘双流岛在中，岛中亭上正南空。
蒲根旧浸临关道，沙色遥飞傍苑风。
晴见树卑知岳大，晚闻车乱觉桥通。
无穷胜事应须宿，霜白蒹葭月在东。

奉同诸公题河中任中丞新创河亭四韵之作

唐 李商隐

万里谁能访十洲，新亭云构压中流。
河鲛纵玩难为室，海蜃遥惊耻化楼。
左右名山穷远目，东西大道锁轻舟。
独留巧思传千古，长与蒲津作胜游。

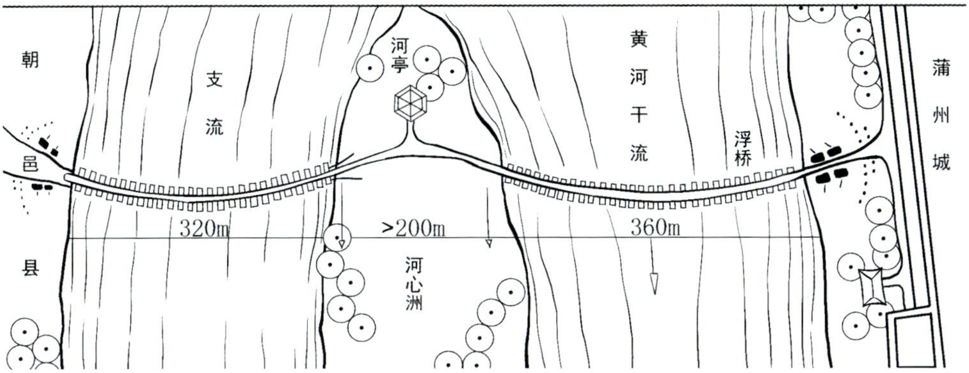

上 唐代蒲津渡黄河浮桥和河亭示意图

下 蒲津渡黄河浮桥模拟效果图

清代人的担忧

清乾隆年间的蒲州知府周景柱有一篇《开元铁牛铭》：“嗟乎！自唐以后，历五代、宋、元、明，所谓开元文物之盛，久已荡为飘风，散为寒烟，不可复问。而是牛岿然杰然，未尝或改。吊古者将抚之以增永叹，睹之以成感慨。自是以往更数百岁，吾不知其尚屼，焉奠置乎？抑亦终失而沦于波臣乎？或如辟邪天鹿毁于人乎？或高岸为谷而复于土乎？是皆莫能测也。唯今俨然在陈，嶷嶷岳岳，实为斯地之伟观，而壮景物之势。且其年载垂之甚古，而唯欲其永存也！”从周景柱的文字中可知，清乾隆年间开元铁牛还是蒲州的一处伟观，吸引着人们前去观览、吊古。作为当时的蒲州地方官，周景柱担心几百年后铁牛的命运，他担心铁牛或毁于人祸，或冲入水中，或埋于泥土中。后来由于黄河河道的摆动，铁牛果然被埋于河泥之中。

开元铁牛重见天日

20 世纪 40 年代，人们在枯水季节还可以摸到铁牛的牛角，行船时屡有被牛角刮伤船底的事情发生。50 年代初，偶尔还能看到露出水面的牛角。后来就再也没有铁牛的任何踪迹。

好在 1989 年夏季，黄河东岸的开元铁牛、铁人终于重见天日，再现大唐盛世铁牛之神韵。1988 年，有一个农民在黄河边打井，打到几米深时就再也打不下去了，而且钻头在下面当当作响，也不像是打在石头上的声音。消息传到永济市博物馆，有关人员查阅资料，认为这地下极有可能就是埋没已久的唐朝大铁牛，欣喜异常。1989 年，经过数月的考古发掘，开元铁牛终于重见天日。为了保护好开元铁牛这一大唐国宝，当地采用了山西省文物局专家的建议，把铁牛在原地提升了 12 米，让铁人、铁牛、铁山、铁柱一起站到了干燥的高台上，并修建了蒲津渡遗址博物馆。

我们来到博物馆，可以看到 4 只栩栩如生的大唐铁牛。在每只铁牛旁边都有一位牵牛的铁人，他们身材高大，其中 3 位铁人是唐代西部和北部地区的少数民族样貌。西北角的铁人，个子高，鼻子大，是回鹘人；东北角的铁人，头戴束帽，体型剽悍，是突厥人；西南角的铁人是吐蕃人；东南角的铁人，头戴相公帽，双手握拳，是汉人。这尊汉人铁人的衣服很有特色，竟然是个大翻领，很像今天的西服衣领。从近年出土的许多唐三彩人物的衣着来看，穿大翻领的衣服在唐代的汉人中成为一种潮流。汉人胡服的着装风格，体现了大唐文化的多元与包容。由 4 位铁人的民族特征，可以感受到大唐文明的多元。

侧观西北角的铁牛

开元铁牛铁人有关数据（单位：米）

		西北	东北	西南	东南
铁牛	身长	3.3	3.15	3	3.05
	身高	1.51	1.66	1.50	1.52
	脖围	2.24	2.50	2.51	2.53
	尾长	1.25	1.36	1.36	1.36
	角绳	1.80	2	1.90	1.96
	铁轴长 / 直径	2.33/0.40	2.33/0.40	2.33/0.40	2.33/0.40
	牛背距地面	4.756	4.898	4.719	4.886
	重量（吨）	26.1	31.4	43.5	45.1
	出土时间	1989.7.31	1989.8.2	1989.8.7	1989.8.7
铁人	民族	回鹘	突厥	吐蕃	汉
	身高	1.93	1.96	1.90	1.92
	肩宽	0.66	0.63	0.62	0.70

普救寺

闻名遐迩的千年古寺

位于蒲州古城东 3 千米的普救寺，是唐代武则天时期建造的一座名刹。唐代诗人元稹的传奇小说《莺莺传》所描写的爱情故事，就发生在这里。

普救寺成名记

唐贞元十五年（799），才子元稹寓居蒲州，与才貌双全的远亲表妹崔姓少女恋爱。后来元稹赴京应试，在长安另娶官宦之女，辜负了崔氏姑娘。也许是受良心的谴责，也许是对初恋情人难以忘怀，多年之后，元稹以自己的初恋为原型，创作了传奇小说《莺莺传》（又名《会真记》），叙述了张生与崔莺莺的爱情悲剧故事，文笔优美，刻画细腻，为唐人传奇中的名篇。

因为故事很生动，《莺莺传》在唐宋时期就广为流传。400年后，金代董解元以《莺莺传》为蓝本，完成了长篇讲唱文学《西厢记诸宫调》（后世称为《董西厢》）的创作，把原来不足3000字的传奇小说改编成50000多字的讲唱文学作品。《董西厢》的故事情节更为生动，增加了“佛殿奇逢”“月下联吟”“长亭送别”“村店惊梦”等许多情节。《董西厢》还彻底改变了故事的结局，把“始乱终弃”的悲剧故事改为大团圆的结局。在《董西厢》里，崔莺莺不再是一个柔弱的姑娘，作者着力表现了她的勇敢抗争和大胆追求。又过了近100年，元代的剧作家王实甫以董解元的《西厢记诸宫调》为基础，完成了《崔莺莺待月西厢记》（简称《王西厢》）的杂剧创作。《王西厢》和《董西厢》在情节上相差无几，但在各个方面都有发展和提高，戏剧冲突更加激烈，人物性格更加鲜明，故事情节更加动人，遣词用语更加优美。王实甫鲜明地提出了“愿普天下有情的都成了眷属”这一主题思想，颂扬主人公对爱情的大胆追求和坚贞不渝。王实甫的《西厢记》成为中国古典戏剧的不朽名作。元代以来，有关《西厢记》的各种剧本数不胜数，普救寺的知名度也越来越高。

在20世纪90年代清理大钟楼基址时，出土了金代的《普救寺莺莺故居》诗碣，诗作于金大定十年（1170），是河中府官员王仲通游览普救寺时撰写的一首七言诗。这是普救寺内现存年代最早的记述崔莺莺、张生故事的实物佐证。

普救寺的重生

唐代的普救寺毁于明嘉靖年间的地震。因为普救寺丰富的内涵和天下皆知的知名度，地震十年之后，一座新的普救寺又在峨嵋塬上拔地而起。20世纪的抗战期间，寺内起火，除佛塔之外，明代重修的普救寺又沦为废墟。直到 1986 年，为了不让远道而来的游客徒生“空留佛塔映斜阳”的唏嘘，有关部门根据历代文献及碑刻资料，按唐时的旧制重建了普救寺。

新修复的普救寺建筑布局为上、中、下三层，东、中、西三轴线（西轴为唐代形制，中轴为宋代形制，东轴为明清形制），西轴线上有钟楼、塔院回廊、莺莺塔、大雄宝殿；中轴线上有天王殿、菩萨洞、弥陀殿、罗汉堂、十王堂、藏经阁；东轴线上有前门、僧舍、枯木堂、正法堂、斋堂、香积厨等，规模宏大、十分壮观。

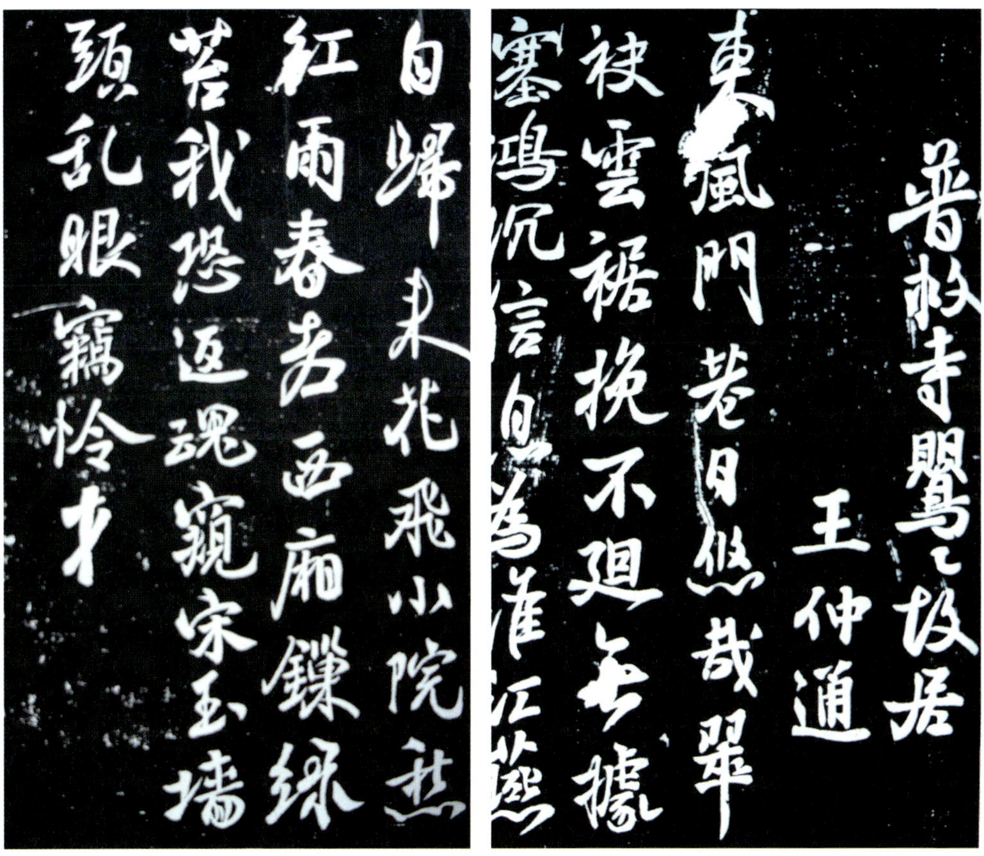

金《普救寺莺莺故居》诗碣

屹立在寺中的佛塔,又被亲切地称为“莺莺塔”，形制古朴典雅，为四方形空筒式结构，虽系明代重修的一座密檐式砖塔，但仍保留了唐塔的一些特点和风格。它以奇特的结构、神奇的回音效果著称于世。游人在塔侧以石叩击，塔内会发出清脆悦耳的蛤蟆叫声，令人称奇。方志中称之为“普救蟾声”。莺莺塔同北京天坛的回音壁、河南宝轮寺内的佛塔、重庆大佛寺内的“石琴”，并称为中国现存的四大回音建筑。

莺莺塔产生蛙声回音的原因：一是该塔的建筑材料表面光滑还涂有釉料，对声波具有良好的反射作用；二是塔檐非常特殊，每层塔檐都有一个向内弯曲的弧度，入射到每层塔檐的声波被全部反射后，声音再经过叠加、汇聚，最后回音得到增强，有时声音拖长、频率发生变化，使敲击石块的声音变成蛙鸣。击蛙台在莺莺塔回廊的西侧外，这里是击石的最佳位置；台下不远的山坡上有一座小亭，名为蛙鸣亭，是听回音的最佳位置。

大雄宝殿内供着三尊石佛，其中释迦牟尼佛像高 3.9 米，均是 20 世纪 80 年代重修普救寺时在塔后出土的。从艺术风格来看，当是南北朝时期的佛像。普救寺的山门与钟楼、莺莺塔、大雄宝殿同在一个轴线上，既层次分明，又浑然一体。从下至上，山门、楼阁、佛塔、殿宇，因地势逐级升高，给人以挺拔俊逸、错落有致之感。站在山门向上仰望，整座建筑犹如天上宫阙。

如果在深秋时节来到普救寺，游客也许能亲身体会王实甫《西厢记》中“碧云天，黄花地，西风紧，北雁南飞。晓来谁染霜林醉？”的幽美意境。

普救寺莺莺塔上部的层距骤然缩小，收分急促

到普救寺感受中国戏曲之美

明末清初的大才子金圣叹在《读〈第六才子书西厢记〉法》中，对千古绝唱《西厢记》有如此评语：“《西厢记》必须扫地读之。扫地读之者，不得存一点尘于胸中也。《西厢记》必须焚香读之。焚香读之者，致其恭敬，以期鬼神之通之也。《西厢记》必须对雪读之。对雪读之者，资其洁清也。《西厢记》必须对花读之。对花读之者，助其娟丽也……”

西厢记

第一本　张君瑞闹道场杂剧

第一折

……

行路之间，早到蒲津。这黄河有九曲，此正古河内之地，你看好形势也呵！

【油葫芦】九曲风涛何处显，则除是此地偏。这河带齐梁，分秦晋，隘幽燕。雪浪拍长空，天际秋云卷；竹索缆浮桥，水上苍龙偃；东西溃九州，南北串百川。归舟紧不紧如何见？却便似弩箭乍离弦。

第四本　草桥店梦莺莺杂剧

第三折

【正宫】【端正好】碧云天，黄花地，西风紧，北雁南飞。晓来谁染霜林醉？总是离人泪。

【滚绣球】恨相见得迟，怨归去得疾。柳丝长玉骢（cōng，玉骢即骏马）难系。恨不倩疏林挂住斜晖。马儿迍迍（zhūnzhūn，迍迍即慢慢）的行，车儿快快的随，却告了相思回避，破题儿又早别离。听得一声“去也”，松了金钏；遥望见十里长亭，减了玉肌。此恨谁知！

RUICHENG XIAN

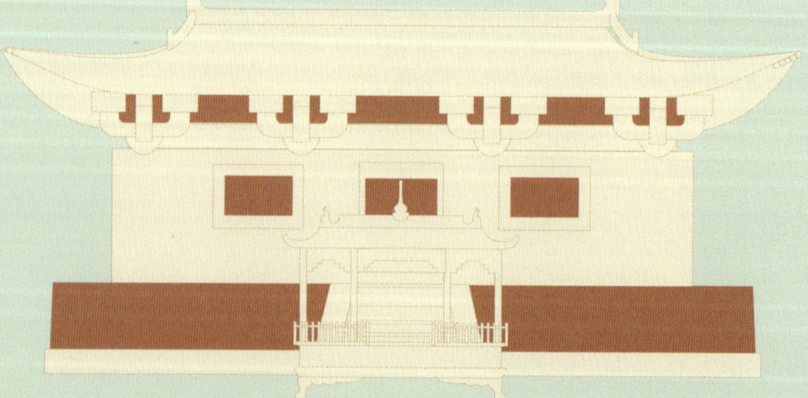

芮城县

芮城县境内的行走路线：

从广仁王庙向东南1.8千米至永乐宫，

从永乐宫向南3.2千米至城隍庙。

广仁王庙

全国现存唯一的唐代道教建筑

广仁王庙，因庙内供奉水神的封号为“广仁王”，故名。又因庙前原有五龙泉，泉水从庙基前沿涌出，故又称“五龙庙”。其位于山西省运城市芮城县城北 3 千米的中龙泉村北端高垣之上，与东南向 1.8 千米的元代道观永乐宫遥对相望。

广仁王庙现存大殿与戏台。大殿建于高台之上，面阔五间，进深四椽，单檐歇山顶，厦坡平缓。当心间开门，两次间各有一直棂窗，两梢间的宽度仅有当心间宽度之半。柱间有阑额相连，阑额之上无普拍枋，阑额至角柱不出头，与五台南禅寺大佛殿的结构一样，是典型的唐代做法。前檐柱头铺作为五铺作双杪偷心造，栌斗直接坐于柱头之上。铺作上不用令拱、耍头，与敦煌壁画中唐代前期的铺作形制一致，说明该殿的铺作形制继承了唐代前期的风格。柱头铺作的第二跳华拱是四椽栿的延伸。柱头栌斗口横出泥道拱，泥道拱上施素枋，枋上又施令拱，拱上施承椽枋，这种拱枋重复式扶壁拱，是早期古建筑中的孤例。除柱头铺作外，没有补间铺作。该殿梁架结构为四椽栿通檐用二柱，殿内无柱，空间开敞，16 根檐柱均筑入墙内。殿内铺作硕大，柱头铺作里转一跳华拱承托四椽栿，四椽栿上置驼峰，由大斗直接承托平梁。平梁上立蜀柱、叉手，短小的蜀柱和长大的叉手，形成平缓的屋顶。整座建筑结构简练，造型古朴，显示出典雅的唐代风韵。广仁王庙是晋南地区仅存的唐代建筑，也是全国仅存的唐代道教建筑。

左上　大殿前檐柱头铺作

右上　大殿内无柱，空间开敞

左下　大殿平梁上立蜀柱、叉手

右下　戏台梁架上的驼峰

广仁王庙大殿正面的墙壁上，原来嵌有两通唐碑：一为刻立于元和三年（808）的《广仁王龙泉记》碑，记载了县令于公凿引龙泉之水灌溉农田的事迹；一为刻立于大和六年（832）的《龙泉记》碑："县城北七里有古魏城，城西北隅有一泉，其窦如线，派分四流，浇灌百里，活芮之民，斯水之功也。……尔来十有余载，神屋坏漏，墙壁颓毁，图形剥落，日为牛羊蹂践，秽杂腥臊之地。洎元和五年秋、六年春，历四甲子无雨，虽有风雪，亦不及农用。……爰命铲除旧屋，创立新祠，素捏真形，丹青四壁。"碑刻记载了扩建广仁王庙的始末，可知该庙始建于元和三年，因为旧庙已经破旧不堪，于是在求雨灵验后的大和五年予以重修。从建筑时间来看，广仁王庙是国内现存排名第二的唐代建筑，仅次于五台南禅寺。

大殿的对面是一座戏台，建于清代，面阔三间，硬山顶。额枋、雀替以及戏台梁架上的驼峰雕刻精美。

清代戏台

永乐宫壁画

墙壁上的艺术经典

永乐宫位于芮城县城北3千米的龙泉村东侧，是道教全真派的三大祖庭之一，本称“大纯阳万寿宫”，因原来建于芮城县黄河岸边的永乐镇，故习惯称为“永乐宫”。永乐宫以其精美的壁画闻名于世。不过，永乐宫在建筑方面也有很高的价值。

永乐宫的建筑之美

进入永乐宫，沿中轴线依次分布着山门、龙虎殿、三清殿、纯阳殿、重阳殿。除山门为清代建筑外，其余 4 座均为元代建筑。

龙虎殿又称无极门，是永乐宫原有的宫门。在中国传统的道观中，往往按照左青龙、右白虎的配置原则予以安排，以取青龙、白虎护卫之意。永乐宫的宫门以“龙虎殿”命名，也体现了这一点。龙虎殿面阔五间，进深六椽，单檐庑殿顶，举折平缓，檐柱生起明显。4 根角柱明显比当心间檐柱粗壮，增强了建筑的稳定性。殿内的梁架结构为六架椽屋分心用三柱，前后三椽栿在中柱上对接。檐下柱头铺作为五铺作单杪单昂，里转双杪压于三椽栿下。殿内斗拱大量使用翼形拱。门枕石上雕刻的石狮和台基压栏石上雕刻的角兽，姿态生动，刀法有力，为石雕艺术中的佳作。根据殿内的题记，龙虎殿的建造者是少府监梓匠翼城县人朱宝与其子朱光。龙虎殿出自宫廷少府监梓匠之手，是国内不多见的元代宫殿风格建筑。

三清殿又名无极殿，是用来供奉三清（元始天尊、灵宝天尊、道德天尊）的殿堂，是永乐宫最主要的一座殿宇。该殿面阔七间（28.44 米），进深八椽（15.28 米），单檐庑殿顶，矗立在一个高大的台基上，巍峨壮丽。当心间，东、西次间，东、西梢间都有门，共计 20 扇门。檐下有阑额和普拍枋，阑额与拱眼壁上有木雕祥龙。当心间，东、西次间，东、西梢间都设

龙虎殿

补间铺作2朵，东、西尽间各有补间铺作1朵，檐下共有20朵铺作。柱头铺作、补间铺作均为六铺作单杪双下昂，十分壮观。作为永乐宫的主体建筑，三清殿体量最大，不但是《朝元图》壁画的载体，而且也是永乐宫整个建筑群的灵魂所在。屋脊上镶有黄、绿、蓝三彩琉璃，两只龙吻高达3米。这些琉璃制品虽历数百年，釉色仍鲜艳夺目，体现了元代山西琉璃工艺的卓越水平。为了使空间开敞、视野开阔，殿内平面布局采用了减柱法，仅在后半部安排了8根柱子，其他柱子都减去。这8根柱子又巧妙地形成三清塑像的神龛，神龛的柱头铺作、补间铺作为双杪五铺作，形成了殿中殿的效果。大殿屋顶有7个藻井，藻井的位置分布在前部（3个藻井，尺寸最大、最华丽）、中部（3个藻井，尺寸和华丽程度次于前部）、后部（1个较小的藻井）。藻井的布置，起到了强化室内空间感的作用。

三清殿屋脊上的龙吻

純陽之殿

重陽之殿
火警119
消防沙箱

纯阳殿为永乐宫的第二大殿，是供奉吕洞宾的殿堂。大殿面阔五间（20.35米），进深六椽（14.35米），单檐歇山顶，琉璃屋顶。前檐柱头铺作为六铺作单杪双下昂，当心间、次间的补间铺作为2朵，梢间的补间铺作为1朵。两山墙的补间铺作，中间2朵、南间3朵、北间1朵。空间布局由前向后逐渐缩小，为平面布局中的罕见之例。殿内也使用减柱法，只在当心间安排了4根金柱，空间宽敞。

重阳殿又称七真殿，是为纪念全真教的创始人王重阳而建立的殿堂。大殿面阔五间（17.46米），进深八椽（10.86米），单檐歇山顶。前檐铺作为五铺作单杪单下昂。大殿内部减去前檐当心间的两根金柱。重阳殿是永乐宫元代四大殿中面积最小的一座宫殿。

永乐宫的建筑和其壁画一样值得重视，从总体布局、单体形制、结构特点、装饰艺术等方面，都在我国元代建筑史上占有重要的地位。

上　纯阳殿
下　重阳殿

永乐宫的壁画之美

在永乐宫各殿中，以三清殿和纯阳殿的壁画最为精彩。三清殿为永乐宫的主殿，殿内四壁满布壁画，画面上共有人物 286 个。在纯阳殿内，以 52 幅壁画演绎着吕洞宾富有传奇色彩的人生，同时也反映了宋元时期的社会生活。

三清殿的壁画名为《朝元图》，“朝元”即诸神朝拜道教始祖元始天尊。壁画高 4.26 米、全长 94.68 米，面积 403.34 平方米。

《朝元图》壁画以 8 个高 3 米的主像为中心，东半部分：东墙壁由南向北两位，分别为后土皇地祇、玉皇大帝；北墙壁是北极紫微大帝；东扇面墙外侧是南极长生大帝。西半部分：西墙壁由南向北两位，分别为金母元君、木公青童道君；北墙壁是勾陈星宫天皇大帝；西扇面墙外侧是东极救苦天尊。

围绕主像，有仙曹、仙官、天丁、力士、侍臣、金童、玉女、二十八宿

左　三清殿神龛内的壁画·飞天（王俊彦　摄影）

右　三清殿《朝元图》局部（王俊彦　摄影）

等。他们或交谈，或双目圆睁，或嘴巴大张，或表情凝重，神情姿态无一雷同。

在《朝元图》中，“天兵天将”围绕主神在画面上次第展开。画面上的武将骁勇、力士威武、玉女端丽。

西壁画面中的金母端坐于凤椅之上，椅背两端的凤头姿态优美。金母仪态端庄，头戴凤冠，冠前嵌坤卦符号。头顶有华盖，两后侧有宝扇。

金母元君右侧的奉宝玉女头戴蝴蝶式花冠，五官的立体感很强，嘴角上扬，眉毛呈八字形。她上身着广袖衫，宽衣博带，下身穿长裙。衣服上的线条疏密有致，土黄色的衣裙、蓝色的衣领、绿色的飘带，饰以沥粉贴金的发饰，显得华丽富贵。玉女手中的托盘中是一个博山炉，画家通过沥粉贴金的手法使博山炉由平面变为立体。

奉宝玉女右侧是一组太乙神像，穿蓝袍的太乙真君在画面上最抢眼，他身体略向前倾，头部微垂，手持笏板，一副谦恭的形象。在太乙神群像后上方是一组八卦神像，他们的冠前都嵌有一个八卦图案。

金母元君左侧的玉女为正面半身像，面相圆润，眉毛弯弯，低眉敛目，一副温婉的模样。她手中的托盘中是一组由九个牛头组成的珊瑚，也采用了沥粉贴金的手法。

在木公青童道君的左前方，有一位侧身穿红色长袍的神仙。他的背后打了一个白色的衣结，这是为了避免走路时长袍的下摆飘起。

在木公青童道君左侧画面的居中位置，是长了3双眼睛的仓颉，他的头巾是按照宋代士人的头巾样式画的。

三清殿满堂壁画场面宏大、气势非凡，具有明显的唐风宋韵。中国当代著名戏剧家马少波先生赞誉曰：“永乐三清铁画钩，曹衣吴带兼刚柔。唐宋遗风满壁是，堪称天下第一流。”

三清殿《朝元图》神像的胡须采用铁线描笔法

左　纯阳殿《谈道图》（王俊彦 摄影）
中　纯阳殿东壁《武昌货墨》（王俊彦 摄影）
右　纯阳殿西壁《千道会图》（王俊彦 摄影）

纯阳殿内的壁画，绘制了吕洞宾从诞生起至“得道成仙”“普度众生”“游戏人间”的连环画故事。壁画中各种人物的服饰、装束，使用的器皿、设施，居住的亭台楼榭，出入的酒肆茶社等，都是极有价值的图文资料。比如 ，人物描绘极为成功，神态细腻，是一幅十分珍贵的壁画。壁画高3.7米、宽4.6米，全图以自然场景为背景，古松挺立，清泉飞流，奇峰在望。钟离权、吕洞宾师徒二人对坐于山岩前，吕洞宾儒生装扮，身着白衣，面部平和，双手隐于袖中，正静心倾听。钟离权一派洒脱模样，道袍半开，袒胸露腹，一腿下垂，一腿半屈，坐于石上。其胸前飘飘的长髯和随意的坐姿，都透露出一股豪放之气，与吕洞宾的矜持形成鲜明的对比。

东壁壁画《武昌货墨》，画面左边绘一座建于高台之上的二层三檐楼阁，屋顶为重檐十字歇山顶，装饰华丽，琉璃饰顶，应为武昌名楼黄鹤楼。楼阁的第二层有一周围栏，向右有通道通向一宽敞的月台。月台之上有二人面对起伏的青山和飞瀑谈兴正浓，二人身后有一童子，童子右臂下夹抱一物。画面中下部可见临街商铺，有各色人等当街交易。画面左下角的房子前有三人，居中者头顶一筐箩，筐箩内的食品好像是馒头、包子一类的面食。只见他左手扶筐箩，右手提壶，正扭头与旁边的人交谈。左侧一人，背着斗笠，右手前伸，正与头顶筐箩者交谈。

西壁的《千道会图》，画面下部绘赴会众人进入城门的场景。城门高大，城楼巍峨，中间的歇山式屋顶覆绿色琉璃瓦。城楼下设五门，中间的三道门敞开，两边门关闭。城门口有手执武器的门将把守，道士们纷至沓来。一位道士站在中间的大门口，正与一官员相互致礼寒暄。画面上部绘一片华丽的

左　重阳殿西壁《立会三州》（王俊彦 摄影）
右　重阳殿东壁《沃雪朝元》（王俊彦 摄影）

殿宇，台前站立数人，居中者为宋徽宗，其身后跟随两位手执笏板的大臣，另有两组道士侍立两旁。在殿宇的右廊下，站立着密密麻麻的人群。高大的城门、翼角飞扬的殿宇建筑群，绿色的琉璃瓦顶、金色的琉璃剪边，流光溢彩。

重阳殿内东、北、西三面墙壁绘有《重阳祖师画传》，用连环画形式描述了王重阳从降生到得道、度化"七真人"成道的故事。这些连环壁画，几乎是一幅幅活生生的社会生活缩影：既有展现平民百姓装扮以及煮饭、种田、打鱼、砍柴、采药等日常生产生活的场景；也有对王公贵族、达官贵人的宫中朝拜、君臣礼仪的表现；还有表现道士设坛、念经等的宗教内容，人物生动、布局合理、画面鲜活。

西壁的《立会三州》，画面绘一庭院，祖师身穿白袍，在拉有幔帐的屋

宇内居中端坐，双手置于膝上，二弟子身披蓑衣，侍立左右。院内摆放着一张长几，几上有盘子、筷子，长几两侧8人对坐，每侧4人。旁边柳叶掩映下，有2个童子正在忙碌，其中一童子手托一巨大器物，里面摆满了白白的馒头类食品，似要分食于众人。

东壁壁画《沃雪朝元》，呈现了重阳祖师游宁海的故事。右边的画面是《沃水成雪》。一座重檐殿宇建于高台之上，上檐屋脊上有鸱吻等装饰，檐下的铺作依稀可见。大殿当心间开两扇门，左右设直棂窗。房子周围有绿树翠竹。右下方有7人，身穿绿袍的祖师站立于院中，右手执碗，左手托雪。盛夏时节，祖师将手中的水变成了雪。祖师对面身着绿袍的男子做出震惊状，另一个身着白袍的男子面朝重阳祖师正躬身。祖师身后还有4人，一人身穿黄袍，一人身穿绿袍、手中拄杖，一人身穿土红色袍服，还有一个小道童，头上梳着双髻。左边的画面是《以鱼变蟹》。市人兰子怀疑祖师的神仙身份，便怀揣了7条鱼，看祖师可否猜得出，祖师说他揣了7只螃蟹，兰子将怀中的鱼儿拿出来时，竟然真是7只螃蟹。该幅壁画把众

三清殿《朝元图》局部（王俊彦 摄影）

人惊奇的表情刻画得淋漓尽致。画面中有5个人，重阳祖师居中站立，右手指向地上的螃蟹。其左后方站立2人，一着蓝袍，一着土红袍，均手指祖师。祖师右后方亦站立2人，皆短衣襟打扮，一个绿衣人直视地上的螃蟹，表情木然，似乎难以理解眼前发生的事情。旁边的同伴表情诧异地看着他，似乎在询问到底发生了什么事，为何怀中的鱼竟然变成了螃蟹。

永乐宫壁画的特点：一是线条十分优美，既含蓄又有力度。《朝元图》中的神像基本上都是寥寥几笔，通过线条的变化，表现出动感。人物的袍服、衣带上的细长线条，多是用刚劲的线条一笔画出，形成了灵动的飘逸感。三清殿扇面墙东侧南极长生大帝所戴十二冕旒上的带子长达3米多，线条流畅。这种画法继承了唐宋盛行的吴道子“吴带当风”的传统，达到了中国传统绘画中线描的最高水平。二是协调的色彩效果。永乐宫壁画以青绿色为基调，添加少量的红、紫、深褐等色，加强了画面的主次关系。

永乐宫壁画不仅是我国绘画史上的杰作，在世界绘画史上也是罕见的巨制。

永乐宫壁画的绘画师

美轮美奂的永乐宫壁画是谁绘制的呢？在纯阳殿壁画上有题记，可以清楚知道纯阳殿壁画完成于元至正十八年（1358），由以朱好古的门人李弘宜、王士彦为首的画工班子绘制了纯阳殿南壁西半部的壁画，由朱好古的门人张遵礼、曹敏德等绘制了纯阳殿南壁东半部的壁画。三清殿的壁画是以马君祥为首的画工班子和以朱好古为首的画工班子分别绘制的。河南人马君祥的画工班子绘制了三清殿东壁的壁画，山西朱好古的画工班子绘制了三清殿西壁的壁画。重阳殿壁画的作者已不可考，从绘画风格和技法上可以看出是延续了朱好古画工班子的风格，为朱好古再传弟子绘制的可能性较大。

朱好古又是何人呢？朱好古是元代晋南地区有名的画家，以善画道教题材作品著名。根据《山西通志》《平阳府志》《太平县志》《襄陵县志》等志书的记载，朱好古是襄陵（今属山西省临汾市襄汾县）人，善画山水与人物，与同乡张茂卿、畅云瑞并称“襄陵三画”。元代文学家李孝光曾得到朱好古所画的卷轴画，在他创作的《题画史朱好古卷》一诗中记载了一些有关朱好古的文字，从这些文字可以看出朱好古的绘画风格："已知画手好，令我心踟躇。五湖风雨夕，径去理钓舟。子技亦精绝，白玉无瑕疵。谁能荐天子，遣之昼云台。一朝被赏识，富贵真萌芽。但访青牛君，乞受黄金壶。"云台、青牛都是道教的题材，说明朱好古擅长画道教题材的作品。从朱好古在壁画题记中把自己的家乡襄陵称为"禽昌"这样的古地名，以及最后落款用到"工毕谨志"这样的敬语，可知朱好古画工班子的文化修养很高，并不是一般的民间画匠。永乐宫是道教重地，聘请朱好古的画工班子绘制大型壁画，也就不难理解了。在朱好古的画工班子里，有芮城、龙门（今山西省河津市）、万泉（今山西省运城市万荣县）、曲沃、洪洞等地的画家。以朱好古为首的晋南画工班子绘制了精美绝伦的永乐宫壁画等晋南地区多处寺观壁画，反映了元代晋南地区文化艺术的繁荣。

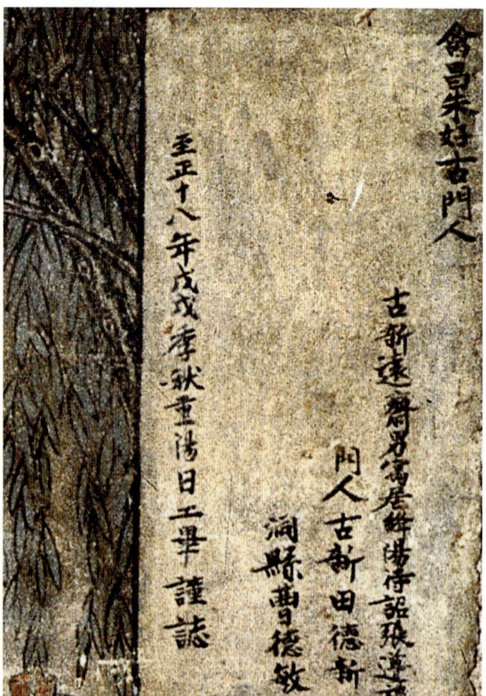

纯阳殿《千道会图》壁画题记（王俊彦 摄影）

永乐宫搬家的故事

永乐宫原来坐落在芮城县西南永乐镇招贤村。蒙古定宗二年（1247）动工兴建，元至正十八年（1358）竣工，施工期达 110 年以上。到今天，这座道教名观已经传承了 600 余年。

1959 年，三门峡水库开始修建。按照当时的测算，永乐宫位于淹没区。为了保护这一著名的古代建筑群，经国务院总理周恩来批示，永乐宫被整体搬迁至芮城县城北郊的龙泉村附近，距离原址 20 多千米。从 1959 年开始，用了 5 年多的时间完成了整体搬迁。

搬迁工作中难度最大的是壁画揭取、运输工作，此项工作历经半年多的时间。永乐宫壁画都是以人物画为主，群像排列，人物密集，上下重叠达四五层之多，如果平均切割，必然会损伤人物的面部。为了最大限度地保护壁画，壁画切割采取了不均分切割，即按照人物的头部边缘和衣冠边缘来切割，尽量不损伤画面的精细部位。这样就造成切割工艺过于复杂，相当于每一块切下来的壁画都有自己的尺寸，每块壁画的尺寸都不一样，切割的方式也不一样，包装运输的方式也不一样。1000 平方米的壁画经过古建工作人员和民工们的小心揭取，被分割成数百块大小不等的壁画块，安置在特制的木架内。为了保证壁画运输安全，当时山西省专门调拨了 4 辆从苏联进口的新汽车。由于汽车离地面很高，装卸壁画上下高低差将近 2 米，装卸时每个人的用力很难均匀，容易损伤画块，为了解决这个问题，工程人员专门在地上挖坑，与汽车等高，车辆先驶进坑内，然后将壁画平行装卸。经过 40 天的紧张工作，壁画全部搬到新址，毫发无损。接下来，又经过了最复杂也是最重要的工序——壁画的粘贴修复，终于完好如初地恢复了永乐宫壁画。

在 60 多年前，我国的有关专家自力更生、群策群力，把一处著名的古建筑群整体搬迁到几十里外，实为一大奇迹。

重新发现永乐宫壁画的意义

20 世纪 50 年代，盛行一种贬低中国传统人物画的倾向。永乐宫壁画的重新发现，使学术界对中国传统人物画的生命力有了新的认识。之后，在美术界重新掀起了学习优秀传统绘画的热潮。山西的永乐宫和甘肃的敦煌石窟一样，几十年来，一直是美术院校师生讲授、临摹古代壁画的一个重要场所。

城隍庙

罕见的宋元遗构

芮城城隍庙，位于运城市芮城县永乐南街，始建于北宋大中祥符年间（1008—1016），元、明、清皆有重修。

芮城县城隍庙，坐北朝南，现存两进院落，中轴线上依次为享亭、献殿、大殿、寝宫。城隍庙始建于北宋大中祥符年间（1008—1016），元、明、清各代有重修和增建。其中，大殿的木构为宋代遗构，明清重修；享亭为元代建筑；献殿为明代创建，清代时重修；寝宫为清代建筑。城隍庙是一处时跨宋、元、明、清四代800多年的古建筑群，是山西省现存历史最早、保存比较完整、规模比较大的城隍庙，也是国内现存最早的城隍庙之一。

享亭面阔五间，进深四椽，单檐歇山顶。前、后檐有横跨当心间和东、西次间的粗大额枋，无普拍枋。可以看出前后檐的粗大额枋是直接用了整根大原木，柱头上置铺作一朵，没有补间铺作。殿内梁架为四椽栿通檐用二柱，前檐柱粗大，加工粗糙，西南角柱倾斜最明显，为典型的元代粗犷风格。后檐柱的拱眼壁有彩绘。当心间开门，东、西次间各开一窗户。该建筑最初为亭式建筑，为祭祀时观看戏剧表演之场所，只有当心间和东、西次间，后来加建的东、西梢间明显较窄，并将屋顶改造为歇山顶。殿后的台基左、右转角各雕一只伏地虎。

献殿面阔五间，进深两椽，单檐卷棚顶，前檐有插廊，前、后设门通往大殿。据城隍庙内的《瓦彩城隍庙正殿香亭记》记载，献殿建于明代嘉靖三十年（1551）之前，清代重修。明代增修献殿，是为了缓解祭祀时大殿上摆放贡品的压力。

左一　单檐卷棚顶的献殿
左二　大殿歇山部分“二龙戏珠”琉璃山花
右　　唐《中条山靖院道堂铭并序》拓片局部

大殿面阔五间，进深六椽，单檐歇山顶，与献殿相连。始建于北宋大中祥符年间（1008—1016）。前檐铺作为五铺作双下昂，系明清重修时补换。两山面及后檐的铺作为五铺作单杪单昂。铺作硕大，拱瓣清晰。歇山部分的“二龙戏珠”琉璃山花比较少见，造型生动。屋脊上的琉璃鸱吻及琉璃脊饰色彩绚丽、美轮美奂，是明代的琉璃珍品。大殿内的梁架为五椽栿对后劄牵，采用减柱法，减去了前排的金柱，空间开敞。从梁架结构看，五椽栿、四椽栿、平梁层层叠叠，颇为壮观。大殿的拱眼壁有不少彩绘，应该是明清时期的作品。

寝宫面阔五间，进深两间，单檐悬山顶。始建年代不详，清顺治三年（1646）火灾后重建，此后又经康熙十年（1671）、道光九年（1829）重修，咸丰元年（1851）增修。

院内新建的**碑廊**里陈列着大量的造像碑、石刻、石雕，时间跨越北魏、北周、隋、唐、宋、元、明、清 1300 多年，其中有不少属于国家一级、二级文物，价值颇高。其中《中条山靖院道堂铭并序》石刻，刻立于798年，虢州刺史王颜撰文，尚书右丞、书法家袁滋书丹。王颜是王维的远房侄子。其撰写的碑文记述了自己晚年用自己的俸禄在中条山修建靖院道堂的概况，以及本家族的籍贯由晋阳（今山西省太原市）迁徙到河东桑泉县（治所在今山西省运城市临猗县）的经历。袁滋是唐代的篆书名家，与李阳冰、瞿令问齐名。碑文全为小篆体，笔法圆转，疏密有致，齐整中有参差变化，颇见功力，为唐代篆书碑刻之珍品。唐代的篆书碑刻传世不多，袁滋的作品也较为稀见，该碑的书法价值、史料价值都不容忽视。

XIAXIAN

夏县

夏县境内的行走路线：

从司马光祠向东南 12 千米至墙下村关帝庙。

司马光祠

一代史学巨匠在此长眠

在夏县西边的水头镇，有一个小晁村，村里有一座规模宏大的墓园，峨嵋岭列于前，涑水绕于后，这就是著名的司马温公祠，简称司马光祠。

司马光，夏县人，北宋政治家、思想家、史学家。祖籍夏县的司马光出生于河南光山县，当时他的父亲在光山县任职，所以给他取了这个名字。

司马光的远祖是三国时期政治家司马懿的弟弟司马孚。司马孚的后代、北魏征东大将军司马阳去世后葬于夏县，他的后代便定居于此。司马光的父亲司马池是北宋宝元、庆历年间的名臣。

司马光祠由神道、茔地、祠堂、余庆禅院、涑水书院等组成。墓地前的神道两侧分列石人、石羊、石虎。茔地正中安葬着司马光父亲司马池，左侧为司马光之兄司马旦之墓，右侧为司马光之墓。其余墓葬为司马光曾祖、祖父以及族人的坟冢。祠堂创建于宋，历代重修，现存为清乾隆时期的建筑。茔地对面是五开间的“杏花碑”亭，内藏苏轼撰文并书石、金代摹刻的《司马温公神道碑》（俗称“杏花碑”）。后为祠堂，正殿 5 间，东、西厢房 10 间。余庆禅院是司马光家族墓地的香火院，创建于北宋治平二年（1065）。涑水书院系司马光为家乡子弟所建学堂，现在院内陈列《资治通鉴》的各种版本。

司马光墓，右边为司马光父亲司马池墓

流传于世的司马光故事

司马光的贤德故事·尊师敬长

宋仁宗宝元初，司马光中进士，先后在华州（今陕西省渭南市华州区）、苏州任职。庆历初，司马光的母亲和父亲相继去世，司马光回到故乡，在夏县居住了 5 年。其间，他读了大量的书，撰写了许多有价值的文章。

后来经庞籍推荐，司马光任并州通判（宋代为了加强对地方官的监察和控制，设“通判”一职辅佐州政，相当于知州的副职，但有直接向皇帝报告的权力。凡兵民、钱谷、户口、赋役、狱讼等公事，须通判联署方能生效）。当时西夏常常侵扰麟州（今陕西省神木市）屈野河西之地，庞籍要司马光前去巡视。司马光建议在麟州修筑堡寨以防御西夏，招募民众耕种河边之地，以解决河东军粮远距离运输之忧。庞籍采纳了司马光的建议。大将郭恩有勇无谋，率兵出击西夏，却没有安排好攻防之策，打了败仗，庞籍因此受到牵连。司马光连续三次上书奏明庞籍是采纳了他的意见才决定修堡的，因为“过听臣言，以至于此”，要求追究自己的责任，不应该追究庞籍的责任。而庞籍得知司马光要为自己开脱时，就向皇帝上奏章，表明是自己的责任，请求免除司马光之罪。庞籍对司马光有举荐之恩，庞籍去世后，司马光敬重庞籍的夫人像敬重自己的母亲一样，对庞籍的儿子如同手足兄弟，人们都称赞司马光的贤德。

司马光的廉政故事·布衾铭

司马光在洛阳时，好友范镇从外地来看望他。范镇看到司马光家中除了满屋子的书架外，几乎没有其他陈设。床上的被子缀满了补丁，被面也早已褪色，十分寒酸。范镇回去后，让夫人做了一床新被子，让人送给司马光。司马光收到被子，十分感动，在被子的一端用隶书端端正正地写了一行字：“此物为好友范镇所赠。”这床被子一直陪伴着司马光，直到他去世。临终前，司马光对儿子司马康说，死后给他穿平时的衣服，盖上这床被子。范镇的侄孙范祖禹有感于司马光的俭朴，写了一篇《布衾铭》，记叙了这件事情，称赞司马光：“其被服如陋巷之士，一室萧然，图书盈几，经日静坐，泊如也。”苏轼还写了《跋司马温公〈布衾铭〉后》：“士之得道者，视死生祸福，如寒暑昼夜，不知所择，而况膏粱脱粟、文绣布褐之间哉？如是者，天地不能使之寿夭，人主不能使之贵贱，不得道而能若是乎？吾其敢以恭俭名之。仲尼以箪瓢得之颜子，余于温公亦云。”

司马光的廉政故事 · 轻车简从

司马光曾经出任西京留台一职，是洛阳的最高行政长官。按照司马光的官职，出行时应该有一套“张盖持扇”的仪仗队，但司马光出行时不让随从准备顶盖，自己手拿一把扇子遮挡太阳。他的朋友说：“您出行时没有随从，街上的人有的不认识您，怕有些不方便。”司马光回答说：“我就是不想让人们认出我。”

司马光的直臣故事 · 直谏宋仁宗

宋仁宗的几个儿子全部早夭，继承人迟迟未立。因为这是一个敏感话题，朝中大臣无人敢言。谏官范镇第一个提出继承人问题，当时担任并州通判的司马光在太原上奏折附议，并且给范镇写信，劝他以死相争。后来司马光回到开封，面见仁宗皇帝说：“臣在并州做通判时，上了三封奏章，请陛下早做决断。”宋仁宗沉思良久，说：“应该选宗室为继嗣吗？此忠臣之言，一般人不敢说此事。”过了一段时间，司马光见此事没有结果，又上奏折：“我前一段所奏之事，以为很快就会有结果。这么长时间不见您考虑此事，肯定是有小人说陛下春秋正盛，不必考虑不祥之事。小人无远虑，他们是想在仓促之际，立一个和他们有交情的人当继承人。这样的话，离‘定策国老’‘门生天子’之祸就不远了。”宋仁宗深受感动。司马光又对韩琦等人说：“各位现在不上奏皇帝议定此事，将来宫中夜半传出一个纸条，说以某人为皇嗣，谁敢说个不字？”韩琦等人都拱手说：“我们一定尽力。”在司马光、韩琦等大臣的奏议催促下，宋仁宗终于解决了继承人问题，消除了隐患。

司马光墓前的神道

司马光编纂《资治通鉴》

宋英宗在位时，责成司马光编撰历代君主与大臣之间的事迹供其阅览。司马光觉得历代史书繁多，一般学者都难以遍览，何况皇帝日理万机，要想全面了解前人的得失，实属不易。司马光便着手将上自战国、下迄五代的历史，按照《左传》的体例编写成一套编年体史书，定名为《通志》。治平三年（1066），司马光先将《通志》战国到秦二世部分（共 8 卷）呈送给宋英宗。英宗看后很赞赏，诏令在崇文院设书局，让司马光继续完成这项工作。由于任务繁重，司马光建议增加人员同自己一道完成这部巨著，英宗给予支持。1067 年宋神宗即位后，认为此书“有鉴于往事，以资于治道”，所以赐书名为《资治通鉴》，并为该书作序。

司马光主持编纂《资治通鉴》用了 19 年时间。《资治通鉴》是中国规模最大的一部编年体通史，全书共 294 卷，记录了上起战国初期韩、赵、魏三家分晋（前 403），下到五代末年宋太祖灭后周（959），总共 1362 年的历史。司马光按时代先后，以年月为经、史实为纬的顺序记写。他在《资治通鉴》中，以“臣光曰”的形式撰写了 118 篇思想性很强的史论，阐述了自己的历史、政治观点，供统治者借鉴。《资治通鉴》虽然由多人参与撰稿，但最后由司马光一人定稿，统一修辞，故文字优美、叙事生动，具有相当高的文学价值。毛泽东对书中的文字评价很高，说：“《通鉴》里写战争，真是写得神采飞扬，传神得很，充满了辩证法。”

历代学者对《资治通鉴》都予以极高的评价。宋末元初的史学家胡三省说：“为人君而不知《通鉴》，则欲治而不知自治之源，恶乱而不知防乱之术。为人臣而不知《通鉴》，则上无以事君，下无以治民。为人子而不知《通鉴》，则谋身必至于辱先，作事不足以垂后。”清代学者王鸣盛说：“此天地间必不可无之书，亦学者必不可不读之书也。”

司马光与王安石、苏轼的关系

司马光虽然与王安石政见不同，但对王安石的人品、文章评价很高。他在《日记》中评价王安石："好读书，能强记，虽后进投贽及程试文有美者，读一周辄成诵在口，终身不忘。其属文，动笔如飞，初若不措意，文成，观者皆伏其精妙。友爱诸弟，俸禄入家，数日辄尽为诸弟所费用。"王安石刚当宰相不久，就遭人弹劾。司马光认为王安石当时还没有什么过失，不应该被弹劾。当司马光发现王安石的新法可能会给国家带来不良后果时，他公开反对王安石变法。作为朋友，他曾三次给王安石写信，"以终益友之义"，劝谕王安石不可过于自信："今天下之人恶介甫（王安石字介甫）之甚者，其诋毁无所不至，光独知其不然。介甫固大贤，其失在于用心太过，自信太厚而已。"以弹劾王安石而闻名的大臣吕诲去世后，司马光在为其撰写的墓志铭里提到新法与民争利，不点名地批评王安石，有"天下大失望"等语。京西察访史蔡天申悄悄地搞到墓志铭的内容献给王安石，想让王安石打击司马光。不料，王安石看后并不生气，还将司马光的文字挂在墙上，对手下的人说："君实（司马光字君实）之文，西汉之文也。"他们没有个人的恩怨，他们的争论属于君子之争。司马光说："光与介甫趣向虽殊，大归则同。"王安石也说："与君实游处相好之日久，而议事每不合，所操之术多异故也。"元祐元年（1086）四月，王安石病逝。当时任宰相的司马光身患重病不能上朝，便写信给副宰相吕公著说：介甫没有什么大问题，只是性格有些执拗。如今仙逝，应该对介甫身后的评价给予礼遇、尊重。垂帘听政的太皇太后接受了司马光的建议，追赠王安石为太傅。由此可见，司马光确实是正人君子。

司马光对苏轼既有提携之恩，又有降贬之举。苏轼对司马光十分推崇。司马光去世后，苏轼奉命撰写了《司马温公神道碑》，崇敬之情溢于言表。"公以文章名于世，而以忠义自结人主。朝廷知之可也，四方之人何自知之？士大夫知之可也，农商走卒何自知之？中国知之可也，九夷八蛮何自知之？方其退居于洛，眇然如颜子之在陋巷，累然如屈原之在陂泽，其于民相忘也久矣，而名震天下，如雷霆，如河汉，如家至而日见之。闻其名者，虽愚无知如妇人孺子，勇悍难化如军伍夷狄，以至于奸邪小人，虽恶其害己，仇而疾之者，莫不敛衽变色，咨嗟太息，或至于流涕也。""其后公薨，京师之民罢市而往吊，鬻衣以致奠。巷哭以过车者，盖以千万数。上命户部侍郎赵瞻、内侍省押班冯宗道护其丧归葬。瞻等既还，皆言民哭公哀甚，如哭其私亲。四方来会葬者，盖数万人。而岭南封州父老相率致祭，且作佛事以荐公者，其词尤哀。炷芗于手，顶以送公葬者，凡百余人；而画像以祭祀公者，天下皆是也。此岂人力也哉？天相之也！匹夫而能动天，亦必有道矣。非至诚一德，其孰能使之？”

司马光祠“杏花碑”的由来

司马光逝世后，被追赠为太师、温国公，谥号文正。为彰显其功德，宋哲宗篆额“忠精粹德之碑”6个字，命大学士苏轼撰文并书丹，因此《司马温公神道碑》又名“忠精粹德之碑”。

绍圣元年（1094），即司马光逝世8年后，章惇为相，诬陷司马光为元祐党人，宋哲宗偏听偏信，下诏削除司马光的谥号，毁坏所赐的“忠精粹德之碑”。苏轼撰文并书丹的神道碑被砸为几段，碑上的字也被凿毁，深埋于地下。

金皇统九年（1149），新任夏县县令王庭直拜谒司马温公祠，见废墟处长着一株杏树，高丈余，树冠如伞，枝繁叶茂。王县令联想前朝往事，寻找苏轼为司马光撰写的名碑，命人在杏树下挖掘，得断碑5段。王县令将断碑依原拓片的文字重新镌刻立碑。因原碑发现于杏树下，故称“杏花碑”。僧人圆真出资建碑堂一座，即现在的“杏花

金代摹刻苏轼《司马温公神道碑》局部

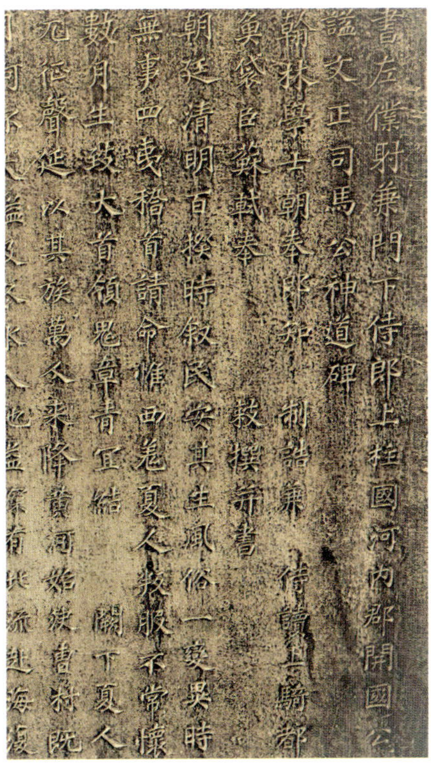

碑厅”。

如今，在司马温公祠广场右侧还有一块“忠精粹德之碑”，系明嘉靖二年（1523）巡按山西监察御史朱实昌仿照宋代原碑复立的。据《修复司马光碑祠记》记载，朱御史巡按河东，拜谒司马温公墓，立志复修“忠精粹德之碑”。乃命人访石材于稷山，获一巨石，紫润似玉，长二丈余，阔丈余，厚二尺五寸。因重量非比寻常，百牛难移，后来在严冬时节泼水结冰为道，人推牛拉杠撬，才从200余里之外的稷山运到夏县，仿照宋时原碑式样雕刻立之。碑额为当年哲宗的篆额，碑文为苏轼的撰文，朱实昌书丹。碑额高1.72米、宽1.8米、厚0.54米，碑身通高5.1米、宽1.76米、厚0.44米，碑座长3.83米、宽1.80米、高1.35米，墓碑总高8.17米，乃全国已知现存最高大的一座墓碑。

余庆禅院

余庆禅院是司马光家族墓地的香火院，创建于北宋治平二年（1065）。该禅院是司马光向皇帝奏请创建的：“先世坟墓并在陕州夏县，欲乞于侧近创置一僧院，以余庆禅院为额。”元丰八年（1085），宋神宗敕赐题额，现仅存大殿一座，为宋代建筑。我国历史上的陵墓香火寺院大都荡然无存，唯有司马光家族墓地的余庆禅院历经千年，香火不绝。

余庆禅院大殿单檐悬山顶，面阔五开间，进深六椽，有一排前廊。柱头有阑额和普拍枋，阑额不出头，普拍枋出头。檐下柱头铺作为四铺作单杪，无补间铺作。柱头铺作用八瓣海棠栌斗，为现存古建筑中的孤例。大殿的梁架为四椽栿前后劄牵用四柱，前排的柱子减去。四椽栿与平梁之间用驼峰，平梁之上有双叉手。殿内保存有精美的宋代彩塑，殿内有释迦牟尼佛、药师佛、阿弥陀佛和文殊菩萨、普贤菩萨、护法金刚、十六罗汉等塑像。殿内的彩塑佛像颇具特色，佛像都有胡须，具有北宋之前佛像的风格。殿内的罗汉像为十六罗汉，神态各异，栩栩如生，与元代以来的十八罗汉不同。

上　余庆禅院大殿

下　余庆禅院大殿内的宋代彩塑佛像（刘国华 摄影）

保护文物
保护文物

墙下关帝庙

乡村大庙

墙下村位于夏县裴介镇北部，距县城 5 千米。墙下村的关帝庙建于清康熙年间，虽然地处夏县的一个普通村庄，但这座关帝庙的建筑规模不小，占地面积达 2.5 万平方米。沿中轴线，现存的建筑依次有戏楼、看亭、献亭、正殿、寝殿，正殿西侧建有配殿两座，东侧建有配殿一座，建制完备，保存完好，是一座罕见的乡村大庙。

关帝庙的山门与戏楼一体两面，山门的背面是二层的过路戏台（戏楼）。戏楼为面阔三间、进深四椽的平口形制。其梁架结构为前出廊式，檐下有柱头铺作和补间铺作，四铺作单昂。台口有一道装饰性的护栏，戏台当心间和东、西次间的额枋、雀替上都有木雕花卉，东、西次间的额枋上有祥龙图案。

戏楼上有“大清康熙二十年岁次辛酉十社灯酒会重修戏楼谨志”的题记。戏楼上有楹联数副：“玉振金声点破炎凉世态；清歌妙舞由传古今人情”“不大地方可作家国天下；寻常人物能为文武鬼神”“一梦占尽秋江月；万舞齐开玉树花”。

戏楼对面的建筑为看厅，面阔三间，进深四椽，歇山式，彩色琉璃饰顶。屋顶正脊宝顶的琉璃作品为一座三层阁楼，左右是大象与狮子，屋面有 5 个菱形图案，色彩绚丽。檐下有粗壮的大阑额，阑额之上布置了 7 朵铺作。额枋、雀替装饰有木雕图案。10 根大柱子将屋顶撑起。看厅造型奇特，四面开敞，好像一个巨大的凉亭。梁架上的藻井采用了斜梁、驼峰、垂莲柱等构件，巧妙地运用了建筑力学原理，把实用性和美观性有机地结合起来。

看厅是关帝庙中体量最大、最漂亮的一座建筑。形象逼真、技艺精湛的人物、龙、凤、鸟、兽、花卉雕刻和彩绘在看厅中随处可见，就连铺作昂嘴上也有精美的雕刻，整座建筑美轮美奂，艺术价值极高。

上　戏台
下　看厅

上 看厅内的梁架与彩绘
下 正殿斗拱昂嘴上雕刻有栩栩如生的龙、凤等图案

献亭面阔三间，进深四椽，单檐悬山顶。檐下有通长的大阑额，阑额上的 7 朵四铺作单昂斗拱位置奇特，不是按照柱头和补间来安排，而是等距离分布在阑额上。

献亭与卷棚顶过厅、正殿紧密相连，组成了一片复合建筑。

卷棚顶过厅，面阔三间，进深两间，东西各 3 根柱子，两山墙开门，南北通畅。东西向有粗壮内额，檐下布置铺作 5 朵。

正殿面阔三间，进深四椽，单檐悬山顶，前带出廊。柱头有较短的抹角，有明代遗风。檐下有普拍枋。补间铺作出现斜拱，铺作昂嘴上雕刻有栩栩如生的龙、凤等图案。

YANHU QU

盐湖区

盐湖区境内的行走路线：

从舜帝陵向南 13 千米至寺北村泛舟禅师塔，

从寺北村向东南 9 千米至池神庙，

从池神庙向西南 14 千米至常平关帝家庙，

从常平村向西 11 千米至解州关帝庙。

门纳德風風行上下五千年
孝祖

舜帝陵

鸣条岗前仰圣君

舜帝陵位于山西省运城市盐湖区北相镇西曲马村南鸣条岗，为第六批全国重点文物保护单位。

舜帝的故事

舜是古河东人。在今运城市的永济、垣曲等地，临汾市的洪洞、翼城等地，都流传有关于舜的传说。舜的父亲是个盲人，舜的生母去世后，父亲又娶了一个妻子，还生了一个儿子，名字叫象。小儿子深受父亲喜欢，在母亲的唆使下，总想害死舜。但舜却孝敬父母、友爱弟弟，从来没有懈怠过。由于继母对舜百般虐待，当时和后世的人们都痛恨她，而舜的父亲姓姚，人们便称舜的继母为“姚婆”。直到现在，在晋南各县，人们还把虐待非亲生儿子的继母叫“姚婆”。

后来，舜的美名远扬，30岁时被推荐给尧帝。尧帝微服私访，来到历山（今山西省运城市垣曲县附近）一带，听说舜在田间耕地，便到田间去找。他看见一个青年正在耕地，犁前驾着一头黑牛、一头黄牛。奇怪的是，青年从不用鞭子打牛，而是在犁辕上挂一个簸箕，隔一会儿敲一下簸箕，吆喝一声。尧等舜犁到地头，便问他：“耕夫都用鞭子打牛，你为何只敲簸箕不打牛？”舜拱手答道：“牛为人耕田出力流汗很辛苦，再用鞭打，于心何忍！我打簸箕，黑牛以为我打黄牛，黄牛以为我打黑牛，就都卖力拉犁了。”尧听了舜的回答，觉得舜既有智慧，又有善心，对牛尚且如此，对百姓一定不会差。尧与舜在地头聊天，谈论了治理天下的话题，舜的言谈很有见识。尧决定对舜进行考察，把女儿娥皇、女英嫁给舜，让两个女儿观察舜的德行；把9个儿子安排在舜的周围，让他们观察舜的日常行为。

舜在历山耕地，历山附近的农夫都受他的影响，互相之间不再争夺耕地，大家和睦相处。他在雷泽捕鱼，雷泽附近的人受他的影响，都互相谦让。舜用了3年时间，在黄河附近的蒲坂（今山西省永济市）建造了都城。

尧帝晚年，让舜主持朝政。8年之后，尧帝去世。3年的丧期过后，舜想让位于帝尧的儿子丹朱，但人们都认为舜更有威望，更能服众。于是，舜在61岁时正式继承了帝位。

舜是有虞氏部落的首领，所以历史上也称他为“虞舜”。北周在河东设立虞乡县，就是为纪念舜帝而设立的。虞乡县直到1954年被裁撤，现在永济市还有虞乡镇。

“南风之薰兮，可以解吾民之愠兮。南风之时兮，可以阜吾民之财兮。”流传数千年的《南风歌》，相传是虞舜创作的歌唱河东盐池和人民生活的歌谣，抒发了中国先民对“南风”既赞美又祈盼的双重感情。

舜帝陵概况

舜帝陵分为景区和陵区两部分，以古柏广场为界，分为南、北两区。

景区部分为近代所建，主要由舜帝大道、舜帝广场等组成，气势宏伟，已经成为民众日常休闲的场所。

舜帝广场东西长 200 米、南北宽 150 米。广场中央有一个巨大的花坛。花坛周围是 12 幅虞舜盛世浮雕图，记载着舜帝的生平功绩。广场的四周耸立着 12 根约 10 米高的青石龙柱，代表舜曾把天下分为 12 个州，寓意着天下归舜，祥和统一。

舜帝抚琴像为花岗岩材质，高 5.18 米，整个雕像高大、宏伟，颇有气势。在雕像两侧有两根华表。华表最早缘于尧帝时代的谤木，设于交通要道之处，供百姓在上面书写自己的建议，后来发展为道路标志，明清时发展成为建筑装饰。

过了舜帝抚琴石像，便是 1000 米的神道。据有关石刻资料记载，神道两侧原来是巨柏夹道，古树参天，数十围（“围”是计量单位，指两只手的拇指与食指合拢起来的长度。）粗的大柏树就有 50 余棵。在光绪二十六年（1900）时，庙内 50 余围的古柏还有 5 棵，40 余围的有 8 棵，二三十

献殿

围的有 10 棵。后来由于修舜帝庙没有资金，当地的百姓砍伐古树换取银两，古柏被砍伐不少。如今只能看到两棵千年古柏了，据说已有 4000 多年的历史。

陵区坐北向南，分为外城、舜帝陵、皇城三部分。

舜帝陵的布局十分独特，即陵、宫一体，而且陵在前，宫在后，与通常的陵、宫分离或宫前陵后的布局截然相反。与全国其他地区的舜帝陵庙相比，运城舜帝陵的规模和完整性都是首屈一指的。

经过神道之后，进入一座两层建筑，即山门，这是舜帝陵区的第一道大门，是在原址上恢复的仿清建筑。山门的对联："此是鸣条岗，春露秋霜怀复旦；谩言苍梧驾，尧天舜日睹重华。"

步入山门之后，在中轴线上坐落着月台、献殿、享厅、舜帝陵。月台建在 1 米多高的台基之上，月台栏板两边有《百孝图》，雕刻了 100 幅中国古代孝子的故事。月台之后是元代建筑风格的献殿，穿过献殿便是享厅，享厅的匾额为"陟方之所"。

舜帝陵高 3 米，周围 51 米。陵前嵌有明万历年间刻立的"有虞帝舜陵"石碑。陵冢上有一株 2000 多年的古柏，古柏与槐树左右交翠，郁郁葱葱。

绕陵北行约 30 米，有一道砖砌的城墙，即皇城，又名离乐城，城墙上有 3 个门洞。中轴线上有戏台、卷棚、献殿、正殿、寝宫，东西两侧配以廊房及钟、鼓二楼，布局严谨，左右对称。皇城的主体建筑正殿建于台基之上，重檐歇山顶，面阔五间，大部分的构件为明万历年间的遗构。殿内有舜帝塑像，头戴冕旒，身着衮服，神态庄严。

正是因为运城舜帝陵悠久的历史，中国先秦史学会经过反复研究后，在 2004 年作出决定，以鸣条岗舜帝陵庙为平台，建立"中国先秦史学会尧舜禹文化研究基地"。2004 年 9 月 27 日，"中国先秦史学会尧舜禹文化研究基地"挂牌仪式在舜帝陵隆重举行。该研究基地的建立，将有利于进一步深入挖掘和研究虞舜文化。

享厅

泛舟禅师塔

唐代单层圆形砖塔的代表作

泛舟禅师塔位于盐湖区寺北村。

据塔铭记载，该塔建造于唐贞元九年（793）。寺内其他建筑早已被毁，仅存该塔。泛舟禅师塔的形制为圆形单层，通体砖砌，通高10米，由塔基、塔身、塔刹三部分组成，每部分高度约占总高度的1/3。塔基由下而上略有收分。塔身下部为束腰须弥座，束腰部有一周蜀柱，蜀柱之间排列密集的壶门佛龛。须弥座上为塔身，周围设8根方形砖柱将塔身分作8间。塔身正南面辟门，东、西两面为假门。四角雕直棂窗。塔室为六边形，顶部做叠涩式藻井。塔身北面嵌高1米、宽0.73米的碑铭，记载建塔的经过。铭文题为“安邑县报国寺故开法大德泛舟禅师塔铭”，这块塔铭是我国古代罕见的从左往右竖行书写的实例。

塔身部分的对接工艺高超，砖与砖之间几乎做到无缝对接，使得塔身具有石刻的效果。塔身的上部为多达11层的叠涩式塔檐，塔檐的制作工艺与塔身一样。塔檐的底部为环绕一周的砖雕菱角牙子，檐部雕有椽、飞椽、勾头、滴水，塔檐稍大于塔座，远观似一座亭子。塔檐上又有十多层反叠涩收缩至塔刹基座下的露盘。塔刹饰蕉叶、覆莲、仰莲、火焰、宝珠。

该塔为我国唐代单层圆形砖塔中的代表作品，塔体造型古朴，端庄秀丽，在塔檐的设计营造上独具特色，具有十分珍贵的学术价值。

上 塔刹特写

中 塔檐特写

下 须弥座与塔身特写

池神庙

国内唯一被列入国家祀典的盐神庙宇

池神庙位于运城市盐湖区盐湖边的土垣之上，可以俯瞰盐湖全景。

古老而神奇的盐池

在运城市区南面的中条山下，有一东北—西南向的狭长盐湖，周长约60千米，总面积132平方千米。这就是著名的盐池。因为位居黄河以东，古称河东盐池。古老而奇特的河东盐池就像一个仙湖，在遥远的上古时期就出现了她的传说，可以说她陪伴着华夏民族一路走来。来到运城，一定要到中条山下看看这个神秘的盐池。

河东盐池古称“盬”（gǔ），《说文解字》：“盬，河东盐池。”因为河东盐池太古老了，古人要为她取个专名。唐人孔颖达说：“盬虽盐，唯此池之盐独名为盬，余盐不名盬也。”“盬”这个字是专为河东盐池所造，其他地方的盐是不能称为“盬”的。

运城盐池（杨冯彦 摄影）

盐池与中国上古史

河东盐池是大自然对山西南部地区的恩赐，是大自然送给华夏民族的厚礼。人类生活不可无盐，世界上的其他古文明，如古埃及文明、古希腊文明、古罗马文明、两河流域文明、古印度文明，都诞生在海洋附近，因为人类要利用海洋的盐分。只有华夏文明发祥于远离海洋的内陆黄河中游地带，河东盐池的客观存在是一个重要的因素。钱穆先生认为，上古时期，谁控制了河东盐池，谁就拥有了成为各部族间共同领袖的“资格证”。从传说的炎黄联盟与蚩尤大战于涿鹿，到尧、舜、禹在晋南地区的众多传说，再到夏、商、周三代在河东、河洛、关中地区的发展、繁荣，都与河东盐池相关。考古工作者在夏县的东下冯遗址中发掘出商代的盐仓。据初步估算，这些盐仓可以储存 12000 多吨食盐，是用来储存向周边地区供应的食盐的仓库。专家推测，尽管这个盐仓建于商代，但它的始建年代可能会更早。有不少学者认为，周人的先祖发祥于河东盐池附近，比如王国维认为周初的莽京在河东盐池西南的永济蒲州，钱穆则认为莽京在今天盐池附近的安邑。

南风与盐池

河东盐池取盐最初是采取“捞取法”：太阳暴晒，自然结晶，自由捞采，产盐全部依靠自然的力量。借助南风，是上古时期河东盐池取盐的一个突出特点。每年夏季，从中条山吹来的南风穿过山谷，吹散了晒卤水时产生的水蒸气，使阳光能更有效地照射卤水，让卤水持续蒸发，这就加快了盐晶体的析出。南风和持续的高温暴晒，是河东盐池自然成盐的两个必备条件。在出盐时节，如果吹来南风，盐池中的盐花——“槅花”就可以浮起来。如果吹来的是东北风或西南风，“槅花”就浮不起来，呈沸粥状，这种现象叫“粥发”，这样形成的盐味道又苦又涩，不能食用。先民已经注意到南风对盐池产盐的重要作用，称之为“盐南风”。《南风歌》既表达了古人对河东盐池平稳生产的美好祈求，也显示了上古时期先民对自然风力与河东盐池关系认识的较高水平。

盐花

历代对河东盐池的重视

春秋初年，河东池盐就已经十分著名了。晋昭侯元年（前 745）晋国铸造的“戎生编钟”，其上的铭文有 153 个字，记载了晋国用河东盐池出产的盐换取南方的铜的内容，“嘉遣卤积，卑潜征繁汤，取厥吉金，用作宝协钟”。晋国派遣大批车队运输食盐前往楚国的繁汤（今河南省新蔡县韩集镇的繁阳故城），交易回大量铜料。“戎生编钟”的 8 只编钟就是用换回来的铜冶炼铸造的。这次用河东食盐换取铜料之事，在晋国的另外一件青铜器“晋姜鼎”的铭文上也有体现：“嘉遣我易卤积千辆……征繁汤□，取厥吉金，用作宝尊鼎。”晋国用从楚国换回来的铜料分别铸造了乐器编钟和礼器宝鼎。晋国当时一次往南方运出 1000 车食盐，足见其产销规模很大，也说明河东盐已经在商品交换中充当重要角色，地处淮河流域的楚国已经开始食用河东盐。后来，猗顿因为经销河东之盐，成为富比王侯的大商人。晋景公十五年（前 585），晋国准备迁都，在今晋南物色合适的建都地点。许多人都建议把河东盐池西北的“郇瑕之地”作为新都城，说这里“沃饶而近盐”，有盐利可资。但韩献子等大臣持反对意见：“山泽林盐，国之宝也。国饶则民骄佚。”他们认为当地以盐池之利崛起的商人势力对国家的统治不利，坚持把国都迁到了新田（今山西省侯马市）。

两汉时期，朝廷对河东盐池十分重视，汉武帝等皇帝曾多次到河东“览盐池”。

“戎生编钟”（现藏于北京保利艺术博物馆）

北魏孝昌三年（527）十月，雍州刺史占据长安反叛，朝廷任命长孙稚前往讨伐。长孙稚没有先讨伐关中的叛军，而是先消灭围攻蒲坂、控制盐池与叛军呼应的薛凤贤、薛修义的势力。他事后向皇帝解释说，先解河东之围，并不是以长安为缓而以蒲坂为急，而是因为蒲坂一旦失守，朝廷就会失去盐池，三军势必会缺乏供应。可见河东盐池对当时经济、军事的影响力。

到了唐代，河东盐池的发展进入了一个新时期。取盐出现了“垦畦浇晒法”——就像种地一样，垦地为畦，将卤水灌入畦内，利用日光和风力蒸发，改变了原来的自然结晶法。唐代学者张守节对此有详细的描述：“作畦，若种韭一畦。天雨下，池中咸淡得匀，即畎池中水上畔中，深一尺许坑，日暴之五六日则成，盐若白矾石，大小如双陆及棋，则呼为畦盐。”晒盐时，盐工开始用淡水搭配卤水，由于淡水温度低，卤水温度高，卤水原来的温度得到了调整，硫酸镁、硫酸钠等杂质就被分解出来，形成“硝板”。盐工把结晶畦修筑在硝板上，这样生产出的盐不再发苦，同时结晶的时间也大大缩短，五六日即可成盐。每年六、七月为主要产盐期。柳宗元在《晋问》中描写唐代河东盐池垦畦晒盐的盛况——“回眸一瞬，积雪百里”。

“垦畦浇晒法”共分为五个步骤：一、集卤蒸发；二、过箩调配；三、储卤；四、结晶；五、铲盐，所以又称为“五步产盐法”。

唐代河东盐池的“垦畦浇晒法”缩短了成盐周期，提高了食盐质量，是世界盐业史上一个划时代的变革，比欧洲的天日制畦晒盐早了将近1000年，反映了我国唐朝生产力发展水平处于世界领先地位。

运城盐池的“五步产盐法”，在2007年被确定为山西省非物质文化遗产，2014年被列入国家级非物质文化遗产目录。近年来，千年前的“五步产盐法”又在运城盐池得到延续。如果在六七月份游览盐池，还可以看到产盐的具体场景。

唐代河东盐的行销地区为今天的河北、河南、陕西、山西的大部分地区，以及甘肃的部分地方，有160多个县。唐大历年间，全国财赋收入为1200万缗，其中盐利收入为600万缗，而河东盐池的盐利达150万缗，占全国财赋的1/8、全国盐利的1/4。

到了宋代，河东盐池的“垦畦浇晒法”得到进一步的发展：“垦地为畦，引池水沃之，谓之种盐，水耗则盐成……岁二月一日垦畦，四月始种，八月乃止。”河东盐池的产量比唐代有了更大幅度的提高。宋仁宗天圣年间，河东盐池产量为 7600 万斤，供应三京（东京开封、西京洛阳、南京商丘）和 28 府、州、军食用。仁宗景祐元年（1034），因为河东盐池的食盐库存可以支用 10 年，暂停产盐 3 年。庆历八年（1048），河东盐池的产量达到了惊人的 8250 万斤。在宋代，包拯、范仲淹等名人都为河东盐池的发展作出过贡献。

元代是河东盐业发展史上的一个重要节点，朝廷在盐池附近兴建了盐务专城——运城，这是中国历史上唯一的因盐而设的城市，今天的运城就由此发展而来。也是在元代，由运城盐务官府创建了专门接纳盐商和盐丁子弟就读的教育机构——运学，这在全国也是一个创举。

为了保护盐池，防止有人盗盐，至迟在唐代就在盐池周围筑起了围墙。“安史之乱”之后，为了弥补军费的不足，实行食盐专卖，在河东盐池“尽野标禁，堑川为濠”，以护卫盐池。宋代在盐池常驻军队，负责盐池周围的巡逻和守护，称为“护宝都”。盐池周围的禁墙，最初叫“拦马墙”，有一人高，周长 70 多千米。明成化年间，在拦马墙外侧又修筑了 2500 余堵禁墙。盐池的禁墙开设 3 个禁门，中禁门与运城的南城门相对，东禁门距离安邑县城 2.5 千米，西禁门距离解州城 5 千米。

为了防止中条山上的水流入盐池，古代在盐池周围还修筑了很多排水设施。主要的排水道有 22 条，其中最大的一条是姚暹渠。姚暹渠把夏县境内的水集中到苦池，然后再从苦池的北面引入今永济市的五姓湖，最后注入黄河。姚暹渠历史悠久，最晚在北魏正始二年（505）就存在了。这条水道不仅保护盐池，还有舟楫之利，曾被当作运河来运盐。

历代皇帝与河东盐池

从原来的安邑县城向南 2.5 千米许有一个村庄叫庙村，位于运城盐池北岸的卧龙岗东端。这个庙村原来叫圣惠镇，因为历代皇帝驾临安邑，巡视盐池，庙村为必经之地，为感圣恩，故给庙村改名曰“圣惠镇”。

西汉时，汉武帝、汉成帝到河东“览盐池”。东汉时，汉章帝至河东“观盐池”。唐贞观十二年（638）二月，唐太宗“车驾观盐池”。北宋崇宁年间，宋徽宗分祀盐池的东池、西池二神，封东池神为资宝公，封西池神为惠康公。元大德三年（1299），元成宗封东池神为“永泽资宝王”，封西池神为“广济惠康王”。明万历十七年（1589），明神宗赐盐池神庙为“灵祐祠”。

清康熙四十二年（1703）十一月，康熙皇帝曾驾临河东，视察河东盐池。面对茫茫盐湖，康熙赞叹不已，称赞盐池“佐军国之需，赡万民之食”。当年康熙皇帝是由池神庙的西北门（乾门）进入池神庙的。拜谒池神之后，康熙皇帝看了大戏台的折子戏，上到海光楼俯瞰一览无遗的盐湖风光，然后到“舜弹琴处”观览，之后在东门（伤门）前伫立良久，对为了盐池开发而五劳七伤的盐工表示深切的敬意。康熙皇帝最后从西门（惊门）顺级而下出池神庙，对商人“有惊无险”的经营活动表示慰问。

上　庙村牌楼

下　池神庙的乾门

盐池与晋商

河东盐池的食盐供应中原地区的百姓食用，要把河东之盐运往各地，盐商、盐道与盐业生产几乎同步发展。早在春秋时期，由河东运往河南地区的食盐要通过中条山脉，人们修筑了著名的虞坂古盐道，史学家称其为“最古老的国道”。虞坂古盐道北起今运城市东郭镇的磨河村，南至今平陆县张店镇的卸牛坪村，沿途山势险峻，坡道盘曲，路面坎坷，全长约 8 千米。著名的“伯乐相马”“献公借道”“唇亡齿寒”等故事就发生虞坂古盐道上。

北宋庆历、嘉祐年间，范祥在河东进行盐政改革，实行“钞引法”，将官营、官运食盐改由商人交钱领钞券，凭钞券到河东盐池领盐，再运到有关地区自行销售。这是朝廷给商人提供食盐销售的特许，以解决当时巨大的边防开支。范祥的“钞引法”实行后，每年可节省数百万缗的运输费用，增加了国家财政收入。

明初，为了解决边塞的军粮运输问题，仿效宋代的“钞引法”，实行“开中法”——“召商输粮而与之盐，谓之开中”。朝廷鼓励商人运输粮食到边塞地区而给予食盐销售权，政府发给商人领盐的凭证——“盐引”。“开中法”的实行，对解决边塞地区的粮饷问题、食盐运销问题都是有利的。因为销售食盐的利润可观，商人参与“开中法”的积极性很高。山西北近蒙古草原，南有河东盐池，在明代的“九边重镇”中，山西北部就有大同镇（驻大同）、山西镇（驻宁武）两处，较之于其他地区，山西商人的地利十分明显，而河东地区在历史上就不缺商人，很快在河东盐池周边出现了大量的盐商，数量多达 500 多家。政府还允许商人自备工本在盐池采盐，商人得三成，算作工本，政府得七成，但商人不再纳税，进一步刺激了盐池的产量。万历年间，河东盐池的年产量曾高达 2.8 亿斤。盐池产量的提高，又催生了大批的盐商。明清时期，因为有河东盐池的强大吸引力，周边地区的白银源源不断流入河东，为晋商的崛起奠定了雄厚的基础，可以说河东盐池催生了纵横天下五百年的晋商。河东盐池是晋商之源，是晋商的孵化基地。明清时期第一代晋商都是大盐商，都是在河东盐池挖到了他们的第一桶金。明代的河东地区，出现了一批官商一体的大家豪族，如张四维家族、王崇古家族、刘敏宽家族等，都是从盐商起步的。

明代的长芦（位于渤海之滨）也是重要的产盐区。据《长芦盐法志》记载：“明初，分商之纲领者五：曰浙直之纲，曰宣大之纲，曰泽潞之纲，曰平阳之纲，曰蒲州之纲。”“纲”是长芦盐商以籍贯区分形成的一种早期行帮形式。长芦盐商的五纲中，山西独占了 4 纲，可见晋商在全国的地位，而其中的潞泽商人、平阳商人、蒲州商人、宣大（宣府、大同）商人都是在河东盐池积累了经营盐业的经验、积累起一定的财富后，才涉足长芦盐区的。

明弘治年间，河东盐商刘家以运城盐池为依托，将生意一直做到两淮的海盐产区，河东盐池的“垦畦浇晒”工艺由此逐渐推广到全国的海盐产区，对明清时期全国盐产量的大幅提高作出了贡献。

清代，晋中的商人开始崛起，他们的祖上大都也是从河东盐池开始原始积累的。

左　池神庙，三座重檐歇山大殿一字排开，颇具气势（李贺 摄影）

右　灵庆公神祠

盐池的池神庙

池神庙的总面积为 2.6 万平方米，现存建筑除正殿为明嘉靖十四年（1535）遗构外，余皆为清代重修。庙内现存元、明、清石碑 17 通，记载不同时期修建庙宇的经过。

盐池的池神庙起源应该很早，但目前可见最早的文献记载是在唐代。根据《新唐书》和《唐会要》的记载，池神庙兴建于唐大历年间。大历八年（773），朝廷采纳户部官员的建议，在盐池祭祀盐池之神。大历十三年（778），虽然河东一带秋雨连绵，盐池不但未形成灾害，还生出瑞盐，户部官员韩滉请求给河东盐池的池神加封号为“灵庆公”，皇帝给河东盐池赐名为“宝应灵庆池”。次年，修建了池神庙。元皇庆二年（1313），在现在的位置重修池神庙。池神庙历代供奉的神有所不同，早期供奉的是池神、中条山神、风洞神；明代中期时，供奉的三位神为池神、风洞神、关帝；万历年间重修时，改为供奉池神、山神、风神；最后固定为供奉池神、风神、太阳神。清嘉庆二十年（1815）地震，池神庙毁坏严重，道光年间进行了重修。道光时期正是河东盐政的全盛时期，因而这次重修十分讲究。

池神庙的主体建筑为三大殿——池神殿（灵庆公神祠）居中，左右两边为“条山风洞神祠”和“雨师太阳神祠”，3 座重檐歇山大殿一字排开，殿

内分别供奉着青铜铸造的池神、风神、太阳神3尊神像，体现了盐池生产与风、太阳的自然关系。三大殿的形制、规模、结构几乎完全相同，比肩为邻，并列尊位，在中国古代庙宇建筑中绝无仅有。大殿四周环廊，出檐适度，翼角飞起，颇为壮观。

池神庙的总面积为2.6万平方米，现存建筑除正殿为明嘉靖十四年（1535）遗构外，其余皆为清代重修。庙内现存元、明、清石碑17通，记载不同时期修建庙宇的经过。

池神庙内的联三戏台也是值得欣赏的特色建筑，因为要给三位神演出，戏台呈一字线布局，这样的戏台布局在全国是孤例。戏台上的一副对联非常引人瞩目："常平乃关壮缪故里，辖其民也，理应忠心报国；解池本包孝肃旧制，治此盐者，首当铁面无私。"意思是谁要当运城的官、管理好河东盐池，就得像关羽那样忠心报国，像包拯那样铁面无私。

池神庙居高临下，面临盐湖，别具风光。拜谒池神庙，极目南眺，中条在望，盐湖俯瞰，"千古中条一池雪"（田汉先生诗句）的奇景赫然在目。微风轻拂，可以想象先民劳作的情形。悠悠南风，吹开雾气，带来财富，带来文明，值得来感受一番。

左　碑林
右上　池神殿上檐斗拱与屋脊
右下　三大殿对面的联三戏台

池神廟

常平关帝家庙

关帝故里的纪念

关帝庙位于山西省运城市盐湖区常平乡常平村，始建于隋朝。这里是关帝的故里。

关帝家庙坐北朝南，主体建筑依中轴线依次排列，有山门、仪门、献殿、崇宁殿、娘娘殿、圣祖殿，东西两侧配以钟楼、鼓楼、木牌坊、太子殿等。

在进入家庙的山门前，首先看到一座三间四柱的石雕牌坊，正面雕“关王故里”，为明嘉靖三年（1524）所立。石牌坊之前有明万历年间铸造的两尊铁狮，东侧的为雌狮，西侧的为雄狮。东侧的雌狮怀抱两个十分调皮的幼狮，后边的小狮子咬住前边小狮子的尾巴，雌狮和小狮的爪子筋骨毕现，栩栩如生。西侧的雄狮脚踩绣球，绣球上的花纹图案细腻美观。铁狮子背后各有一个造型夸张的铁人。石牌坊两边为“灵钟鹾海”和“秀毓条山”两座四柱三楼式的木牌坊，创建于清雍正年间，嘉庆二十三年（1818）重修。木牌坊之后有东西相对的钟楼、鼓楼。

“灵钟鹾海”牌坊

家庙的山门面阔三间，进深四椽，悬山顶。山门的门墩石雕刻细致，技法精湛。山门之后为面阔三间，进深两椽，悬山顶的仪门。山门与仪门之间的东侧有一座八角七层的祖宅砖塔。该塔无基座，一层为方形，二层以上为八角形，第二层至第六层采用叠涩与反叠涩出檐。砖塔建于金大定年间，是为祭祀关羽父母而建造的，明嘉靖、清嘉庆年间重修。仪门之后为悬山顶的献殿，面阔三间，进深两椽，梁枋皆饰彩绘。献殿之后为重檐歇山顶的主殿崇宁殿，面阔、进深各五间，四周围廊。崇宁殿建于金大定年间，明嘉靖年间重修。献殿与崇宁殿之间有两株树龄达 1800 多年的龙柏、凤柏。崇宁殿之后为一座院落，正面为供奉关羽夫人的娘娘殿，重檐歇山顶，面阔、进深各五间，四周围廊。娘娘殿两侧为建于明万历四十二年（1614）供奉关平、关兴的两座太子殿。院内有一株树龄 300 多年的古桑树，枝繁叶茂。娘娘殿之后的建筑为创建于清乾隆二十八年（1763）的圣祖殿，供奉关羽的先祖。

左　石牌坊东侧铁狮局部
右　娘娘殿

解州关帝庙

天下武庙之冠

关帝庙位于运城市盐湖区解州镇，是全国最大的关帝庙，被誉为“武庙之祖”“武庙之冠”。

关帝庙的巨大影响力

关帝庙是人们为纪念三国时期的关羽而建立的庙宇。关羽是三国时蜀汉的名将，河东郡解县（今山西省运城市盐湖区解州镇）人。他早期跟随刘备辗转各地，与刘备、张飞情同手足。他知恩报恩、忠义神勇，后世皆以他为忠义的楷模。

明清时期，每个省、府、州、县的所在地都有一座文庙（即孔庙），而与文庙相对应的武庙——关帝庙，不仅分布在各省、府、州、县的所在地，几乎一些大的村镇也都建有关帝庙。在武汉、南京等大都市，关帝庙多达数十座，北京的关帝庙最多时达 110 多座。在全国各地，武庙的数量远远超过了文庙。各地的关帝庙一般都建有戏台，在重大的节日会有戏剧演出活动，举办大型庙会。几百年来，关帝庙已经成为一个标志，一个文化符号。随着部分华人移居海外，国外许多城市也建起了关帝庙。在海外，关帝庙则成为中华文化的象征。近年来，大量的港澳台和海外关帝崇拜者赴大陆拜谒关帝庙，关帝文化已经成为联结大陆与港澳台以及海内外华人的精神纽带。

崇宁殿"神勇"匾额

正史上记载的关羽

人们熟知的关羽故事，如“桃园结义”“斩颜良、诛文丑”“华容道放曹”“水淹七军”等，有些是真事，有些是经过《三国演义》艺术加工的，我们有必要了解一下正史对关羽的叙述。

《三国志》记载：建安元年（196），刘备被袁术、吕布夹攻，关羽便跟随刘备一起投奔曹操。建安三年（198），刘备与曹操共擒吕布于下邳，关羽与刘备便跟随曹操班师回许昌。次年，刘备与袁绍联合对抗曹操。建安五年（200），曹操东征刘备，刘备兵败，关羽被俘。曹操对关羽礼遇有加，拜关羽为偏将军。袁绍派大将颜良进攻东郡的白马，曹操派关羽和张辽为先锋迎战。关羽勇冠三军，斩袁绍的大将颜良于万众之中，解白马之围。曹操封关羽为“汉寿亭侯”。曹操敬佩关羽的为人，曾让张辽试探关羽，想让关羽一直留在自己麾下。关羽说：“我知道曹公待我不薄，但我受刘将军厚恩，要与他同生死，我不能违背。我最终是要离开的，但我要报答曹公的礼遇之恩后再离开。”曹操听说后，感叹说：“关羽不忘其本，天下义士也。”关羽斩了颜良，曹操知道关羽就要离开了，便大加赏赐。关羽把曹操的赏赐封存好，留下一封告辞信，去找刘备了。曹操的手下准备追击关羽，曹操说：“各为其主，不要追了。”史学家裴松之评价此事说：“曹公知羽不留而心嘉其志，去不遣追以成其义。”建安二十四年（219），关羽率兵攻曹仁于襄樊。曹仁派于禁、庞德屯兵于襄樊北。适逢大雨不止，汉水暴涨，平地水高数丈，于禁的大军被汉水所冲，关羽的部队乘大船进攻，于禁走投无路，向关羽投降。关羽又斩杀了曹操的大将庞德。曹操所置荆州刺史胡修、南乡太守傅方也都投降关羽。而此时陆浑地区（今河南省嵩县东北）的孙狼等人聚众起兵反曹，南附关羽，遥受关羽指挥。当时，许昌以南大都归附关羽，关羽的声势一时威震华夏。曹操甚至准备迁都以避其锋芒。这是《三国志》对关羽当时作战情况的真实记载。按《三国志》记载，关羽斩了颜良，但并没有“诛文丑”；于禁被“水淹七军”，是关羽熟悉当地的地理、气候，利用汉水暴涨之机进攻，并没有像《三国演义》中说的那样放水淹了七军。

关圣帝君圣迹图志·白马斩良

关帝信仰溯源

中国的关帝信仰大体是从唐末开始出现的，关帝信仰是在**北宋**时发展起来的。传说宋真宗大中祥符年间（1008—1016），解州盐池发生莫名的灾害，池水枯竭，无法采盐。由道教祖师张天师请关公显灵，战胜了另一位大神蚩尤，于是池水重新充盈，盐池恢复了正常的采盐活动。为了感谢关公，当地重修了盐池附近的关公庙。北宋末年，由于受到北方游牧民族的威胁，关羽被朝廷奉为英雄，备受推崇。宋徽宗崇宁元年（1102），朝廷追封关羽为“忠惠公”，这是关羽第一次受到朝廷的加封。大观二年（1108），又加封为“武安王”。宣和五年（1123），又加封号为“义勇武安王”。建炎三年（1129），又加封为“壮缪（mù）义勇王”。淳熙十四年（1187），再加封为“英济王”。关羽在宋代的封号最终为“壮缪义勇英济武安王”。宋朝这样一再给关羽加封，就是想通过表彰关羽的威德，表达朝廷拯救国难的意愿，期望能出现关羽式的英雄来抵御北方的威胁。

进入**元代**，关公的信仰更加普遍，“英灵义烈遍天下……人咸畏而敬之，而燕赵、荆楚为尤笃，郡国州县、乡邑闾井皆有庙”（郝经《郝文忠公集》卷三三《汉义勇武安王庙碑》），全国各地都建起了关公庙；宋代“关公战蚩尤”的传说，被编为《关云长大破蚩尤》的戏曲广泛流传。在元文宗天历元年（1328），朝廷又给关羽加封号为“显灵忠义武安英济王”。

到了**明代**，关公信仰进入一个更高阶段。从明初开始，朝廷就在南京和北京设立了“国立”的关公庙。成化十三年（1477），把北京地安门西的关帝庙作为朝廷官祭的场所。万历十八年（1590），加封关羽为“协天护国忠义帝”。当时，明王朝正面临着“北虏南倭”的困扰，各地经常出现关公显灵的传说，朝廷上下普遍把关羽尊为护国退敌之神。万历四十二年（1614），皇帝在北京正阳门附近的关帝庙晋封关羽为“三界伏魔大帝神威远镇天尊关圣帝君”，封关帝庙为武庙，与孔子的文庙相对应。关羽从此就有了关帝之名。明代有一首歌咏关羽的诗作《谒解庙》：“夜分亹亹阅春秋，蜀汉英雄第一流。刃绝文颜威大振，计吞吴魏志难酬。当时义勇倾三国，万古祠堂遍九州。阶下苍松高百尺，气冲霄汉未能休。”高度概括了明代人们对关羽的景仰之情。

清朝统治者在入关以前，就已经在盛京（今辽宁省沈阳市）建立关帝庙，朝廷把关帝奉为护国神。入关之后，顺治九年（1652），朝廷把关羽的封号定为“忠义神武关圣大帝”。雍正三年（1725），皇帝颁诏比照祭祀孔夫子的仪典祭祀关帝，还诏令全国各省、府、州、县都要设立关帝庙，每年春秋两次致祭。同时指定山西解州的关帝庙、河南洛阳的关帝庙为设在地方的两大官庙。解州的关帝庙从此就成为国家认可的官方大庙。这是关羽被列入符合儒家规范的国家祭祀主神的开始。雍正皇帝的御制《关帝庙后殿崇祀三代碑文》赞颂关帝：“洋洋乎忠义正直之气充塞于宇宙之间，与日月星辰同其明，江河山岳同其体，风霆雨露同其功用。”乾隆三十三年（1768），朝廷把北京地安门外的白马关帝庙定为中央关庙，把正殿的琉璃瓦换成纯黄色，同时为关帝的封号加封“灵佑”二字，改为“忠义神武灵佑关圣大帝”。嘉庆十九年（1814）加封“仁勇”，道光八年（1828）加封“威显”，咸丰二年（1852）加封“护国”、三年（1853）加封“保民”、六年（1856）加封“精诚”、七年（1857）加封“绥靖”，同治九年（1870）加封“翊赞”，光绪五年（1879）加封“宣德”。从嘉庆时期开始，清王朝进入多事之秋，

端门前照壁上的琉璃图案

朝廷希望借助关帝的神威护国保民，不断对关帝进行加封。到了清朝末年，关帝的封号已长达 26 个字——“忠义神武灵佑仁勇威显护国保民精诚绥靖翊赞宣德关圣大帝”。

民国初年，政府设立武庙制度，从中央到地方都把关羽和岳飞定为武庙所祭祀之神。

从宋朝开始，各朝皇帝都以关羽为忠义的化身，不断对其进行加封。历史上共有 16 位皇帝为关羽加封，关羽由“侯而公，公而王，王而帝，帝而圣”。作为一位古代的名将，被民间和官方同时尊崇到至高无上的地位，被儒、释、道都尊为神，这在中国历史上是独一无二的，也是空前绝后的。清代学者赵翼惊叹：“今且南极岭表，北极塞垣，凡妇女儿童，无有不震其威灵者。香火之盛，将与大地同不朽。”（赵翼《陔余丛考》卷三五《关壮缪》）民国年间，每年的四月初八和九月十三的关帝大祭，汇聚到解州的全国各地的信徒达数十万人，可见当时关帝崇拜的影响力之大。

总的来说，我国的关帝崇拜流行于北宋，发展于南宋和元代，官方的加封品级定型于明代，普及于清代。

无所不在的关帝庙

关羽生为大将，去世后又相传屡显灵异，除魔降妖，屡建奇功，因而得到帝王的加封和百姓的供奉，于是成了道教的大神。同时，佛教把关羽作为护法神，称为伽蓝菩萨。在中国各地的佛门寺院中，几乎都供奉关帝的圣位，寺院中设置伽蓝殿，绝不可少。甚至在西藏、内蒙古众多的密宗佛寺也供奉着关帝。在西藏日喀则喇嘛庙扎什伦布寺，有一通“关帝显圣碑”，记述了清乾隆五十七年（1792）关帝显灵助清军打退入侵西藏的廓尔喀军队一事。西藏的日喀则、拉萨、定日、江孜、工布江达 5 处关帝庙都修建于此时。位于拉萨布达拉宫以西约 500 米处山冈上的关帝庙，当地人称为“关帝格萨拉康”，面积 800 平方米，坐北向南，依山而建。由于年久失修，这座关帝庙残破不堪，经过著名关公文化学者朱正明先生和众多新闻媒体记者的呼吁，2001 年，国家拨款数百万元修复了拉萨关帝庙。“关帝格萨拉康”正殿内的案台上摆着密密麻麻的酥油灯，殿外有一个金光闪闪的汉族传统大香炉，香炉前还有一个藏式的燃桑炉，这种汉藏合璧的祭祀方式也体现了关帝信仰的多民族性。近年来，拉萨市已把关帝庙建设成为爱国主义和民族团结教育基地。位于西藏定日县岗嘎山顶的珠穆朗玛关帝庙，海拔达 4390 米，是目前已知的海拔最高的关帝庙。2018 年 8 月，重新修复的珠穆朗玛关帝庙竣工，被命名为岗嘎镇爱国主义教育基地。楹联专家董汝河先生为珠穆朗玛关帝庙撰联：“藏汉同尊仰，朵朵雪莲，瓣瓣心香，俎豆千秋兴圣域；精神贯古今，巍巍岗嘎，堂堂庙貌，烟霞七彩绕珠峰。”

在西北地区，从甘肃的嘉峪关到新疆的伊犁，关帝庙也很多。在北方的内蒙古草原上，蒙古族人在信仰喇嘛教之外，对关帝也十分信奉。在我国的台湾，崇拜关帝的信众达 800 万人。1895 年，台湾被日本割占，因为中国人在关帝庙结盟抗日，日军在台湾大量拆除关帝庙。可见，关帝作为抵抗外侮的精神领袖，起着重要的作用。

随着华人移居海外，在华人聚居的地方，都能看到关帝庙。亚洲的日本、朝鲜、新加坡、马来西亚、泰国、越南、缅甸、印度尼西亚等国，美国的纽约、旧金山等城市，都建有富丽堂皇的关帝庙。总面积不大的新加坡，竟然有 30 多座关帝庙。据朱正明先生考察，在被称为“世界尽头”的澳大利亚最南端的塔斯马尼亚岛，从这里再向南，就是冰雪覆盖的南极大陆。塔斯马尼亚岛上的维多利亚女皇博物馆内，也有一座完整的关帝庙，里面珍藏着华人早年淘金创业时的关帝庙香炉、楹联、匾额、木雕，以及端坐在金色神龛中的关老爷像，被称为“世界尽头的关帝庙”。在日本，对关公的崇拜从 14 世纪就开始了。日本民间对关公的崇拜十分虔诚，据说日本人请中国剧团上演关公戏，当扮演关公的演员出台，全场的日本人都跪地磕头。在美国，当年里根竞选总统时，曾到旧金山、洛杉矶等地的华人居住区的关帝庙中拜谒，向关帝祈祷，以保佑其竞选成功。作为一种文化，关公不仅是中国的，也是世界的。据统计，目前全世界有 148 个国家和地区建有关帝庙。美国加州大学人类学系教授焦大卫对中国学者说：“我尊敬你们的这位大神，他应该得到所有人的尊敬。他的仁、义、智、勇直到现在仍有意义，仁就是爱心，义就是信誉，智就是文化，勇就是不怕困难。上帝的子民如果都像你们的关公一样，我们的世界就会变得更加美好。”

随着社会的发展，关公文化的传播也需要与时俱进。朱正明先生提出：应让关公文化走进大学、中小学的课堂，使青少年能够感受到本乡本土的忠义、仁勇、诚信精神，使关公文化后继有人。尽量展示一些年轻人比较感兴趣的关公形象，比如，台湾就开发出了卡通关公，小孩子特别喜欢。还可以将关帝庙作为爱国主义教育基地，带领中小学生前去参观，感受其厚重的文化。

上 解州关帝庙向拉萨关帝庙赠送的匾额（汪璐 摄影）
下 海拔最高的关帝庙——西藏定日县岗嘎山顶的珠穆朗玛关帝庙（尼玛旺久 摄影）

解州关帝庙概况

解州关帝庙重修于清代，整个建筑群按宫殿式建制布局，中轴对称，布局严整，宛如一座宫城。关帝庙分前院和后宫两部分。

前院

关帝庙前院中轴线上的建筑，按照从前往后的顺序，依次是照壁、端门、雉门、午门、“山海钟灵”牌坊、御书楼、崇宁殿。

中国古代皇城的南门多称为端门，关帝庙的第一道门亦称为端门，牌楼式建筑，整体砖砌，歇山顶，檐下有仿木斗拱。按照古代皇宫的规制，关帝庙的第二道门为雉门，单檐歇山顶，建于台基之上，其背后出抱厦三间，可作戏台，台高 1.43 米。在中国的传统方位中，正北称“子”，正南称“午”。明清皇宫的正南门称为午门，关帝庙的第三道门正南门也叫午门，建于高台之上，面阔五间，进深三间，单檐庑殿顶。午门中间的三间前后通畅，空间开阔。

午门通道两侧，前、后台边有石栏围护，石栏由望柱和栏板组成。望柱的柱头雕刻狮子、猴子、桃子、石榴等图案，栩栩如生。栏板的图案有“二龙戏珠”“丹凤朝阳”“松鹤同春”“马到成功”“犀牛望月”等吉祥题材内容。

端门

如果大家留心的话，可以发现在关帝庙的柱础、望柱头、石栏板、拴马桩上，多有猴子的造型。它们或静坐，或嬉戏，或拿桃子，或挠头、抚腿，或大猴怀抱小猴，或大猴背着小猴，最有趣的是一幅猴子射箭图。数十只猴子造型生动，姿态各异，颇具童趣。为什么会有如此多的猴子造型呢？那是因为在汉语中“猴”与“侯”谐音，在古代人们常用猴子来寓意封侯拜相，表示升官之意。大家要是感兴趣，可以自己数一数，关帝庙中到底有多少只猴子！

御书楼石栏板石雕·猴子射箭图

穿过“山海钟灵”木牌楼之后，会看到一座宏伟的建筑——御书楼，因为该建筑有八卦藻井，原名“八卦楼”。楼内的八卦藻井高悬，藻井的井口为方形，井底为八角形，底心雕刻“二龙戏珠”图案。藻井设计别致，一层屋顶的中心以八边形围成一个天窗，游客透过天窗正好看见上层的藻井，一层的天窗似乎成为藻井井口的组成部分。康熙年间，康熙皇帝到此拜谒关帝，在八卦楼内御书“义炳乾坤”四字。乾隆年间，将“义炳乾坤”御匾移置崇宁殿悬挂，同时把八卦楼改称“御书楼”，以示纪念。御书楼为二层三檐歇山式建筑，坐落于较高的台基之上，三层飞起的翼角和前面抱厦上的翼角构成了这座楼阁式建筑灵动欲飞的效果。四周设有石雕围栏，由 30 根望柱和 28 块栏板组成。望柱的柱头雕刻有狮子、猴子、仙鹤、童子、仙桃、金瓜等，造型生动。栏板上的图案为高浮雕，雕刻有荷花、牡丹、麒麟、兔子等植物、动物图案，还有“加官晋爵”“封侯挂印”“青云直上”“富贵安康”等人物组图。

御书楼的明间前后均出抱厦（抱厦，指在主建筑的前面或后面接建出来的小建筑。在形式上如同主建筑搂抱着小建筑，故称为抱厦。），前抱厦一

上　“山海钟灵”牌坊
下　御书楼

间，后抱厦三间。古建筑中的抱厦，或仅设前檐而不设后檐，或前檐大后檐小，或前后檐相等，像御书楼这样后檐抱厦大于前檐的形制罕见。这是因为御书楼的后面是关帝庙的主殿崇宁殿，后抱厦原为演戏的乐楼，乐楼移建之后，保留了原来的建筑。

关帝庙的主殿是**崇宁殿**，因宋徽宗崇宁年间封关羽为“崇宁真君”而得名。崇宁殿面阔七间，进深六间，重檐歇山顶。殿周回廊有许多雕龙石柱，蟠龙姿态各异。大殿四周的石栏板上有数以百计的浮雕，十分壮观。大殿檐下悬挂着清乾隆帝书写的“神勇”巨匾，门楣上悬挂着咸丰帝书写的“万世人极”匾，殿内关帝神龛上悬挂着康熙帝书写的“义炳乾坤”匾。清代3位皇帝为关帝庙题写匾额，可见朝廷的重视程度。

从建筑布局上来看，在关帝庙前院的中轴线上，在到达主殿崇宁殿之前，先后经过了端门、雉门、午门、“山海钟灵”牌坊。这样的处理手法，烘托了主殿的重要地位，使人们在进入主殿之前就感到了肃穆的气氛。

崇宁殿

在关帝庙的前院，还分布着诸多铁艺，比如狮子、铁人、旗杆、焚表炉等。这些铁艺工艺精湛、造型独特，一方面反映了工匠的巧思与技艺，一方面也反映了当时晋南地区冶铁、铸铁的发达。比如关帝庙中现存4对铁狮，它们造型各异，以端门前立着的一对最具代表性，它们是体量最大的。威风凛凛、昂头长啸的铁狮子，左边的雌狮子怀中卧着两只小狮子，右边的雄狮踩着绣球。铁狮底座上密密麻麻地刻着捐资人的姓名。从铭文来看，这对铁狮子铸造于明万历年间，是由蒲州一带的百姓集资铸造的。

4对铁狮中，有3对旁边配有牵狮的铁人。这些铁人都非汉人模样，从样貌和服饰判断，应为北方游牧民族。铁人高大，气宇轩然，十分勇猛彪悍。

焚表炉更是关帝庙中铁艺的精华，现存两座。铁炉铸造于明嘉靖三年（1524），总高约9米，基座类似古代造像，炉身如木构楼阁，刹顶为楼阁和塔的混合体。炉身雕有凤凰、花卉、力士、莲瓣纹等精美图案，涉及佛教、道教的多种题材，显示出明代后期三教交融之后的文化景观。

左　焚表炉
右　端门前的右侧铁狮

后院

关帝庙后院的建筑以“气肃千秋”坊、春秋楼为中心，左右有刀楼、印楼对称而立。

春秋楼是庙内的最高建筑，高 23.4 米，清同治九年（1870）重建。春秋楼建于台基之上，面阔七间，进深六间。台基前有 18 块石栏板，左右各 9 块。栏板的正、反两面均雕有精美浮雕，内容涉及草木花卉、山水景观、民间故事等。春秋楼有三绝：第一绝：建筑结构奇特，上层回廊的廊柱悬空，廊柱的柱头雕成垂莲，原本应该承重的廊柱因为悬空形成“吊柱”，承重主要靠下层的大梁，这种建筑手法称作“悬梁吊柱”，常见于小木作神龛，大型建筑实物中极为少见；第二绝：进入第二层，有神龛暖阁，正中有关羽侧身夜观《春秋》像，阁子的板壁上，正楷刻写着《春秋》全文；第三绝：春秋楼二楼屋顶上的三眼藻井，中间的一个藻井是凹进去的，两旁的是凸出来的，由数百个榫卯结构环环相扣形成，据说是用了 8 年的时间雕凿而成。

“气肃千秋”牌坊

两侧凸出来的藻井昂嘴四周悬空，靠中间的雷公柱来支撑。藻井的昂嘴分为上下 7 层，每层的昂嘴数量由下往上逐渐增加，最上的一层加到 11 个昂嘴，整个藻井犹如一束盛开的花朵垂于梁架间，精巧华丽，这在我国古代现存藻井建筑中是孤例。

上　春秋楼藻井
下　春秋楼木雕

WANRONG XIAN

万荣县

万荣县境内的行走路线：

从万荣县城飞云楼向西北 9 千米至太赵村稷王庙，

从太赵村向南 22 千米至李家大院，

从李家大院向西 27 千米至后土祠。

飞云楼

中华第一木楼

飞云楼位于山西省运城市万荣县东岳庙内，为纯木质结构，被誉为“中华第一木楼”。飞云楼全楼斗拱密布，玲珑精巧，与应县木塔并称为“南楼北塔”。

据清乾隆年间的《重修飞云楼碑记》所云："县坐落孤峰半山，崇岗峻岭，形势陡隘，而东北一带地方最下，非有岳庙之巍峨、高楼之耸峙，无以培其岗脉、聚集风气。则庙之所系綦重，而楼之所关尤不小也。"唐代设立的万泉县城在孤山北坡，虽然形势险要，但北低南高，不符合风水地理的要求，为了解决这一问题，古人在万泉县城之北修建了3座象征泰山的东岳庙，与巍峨的孤峰山相呼应。3座东岳庙在地理方位上形成一个倒三角形，北边的两座分别建在东张翁村、解店镇，南边的一座建在万泉县城北门外。在解店镇的东岳庙中修建高耸的飞云楼，是因为这里的地势最低，建高楼在风水地理上予以完善。故而飞云楼始建于唐代的观点还是有一些道理的。

东岳庙内主要建筑有山门、飞云楼、午门、献殿、享亭、大殿和寝宫。

飞云楼造型秀丽美观，平面呈方形，纯木结构，面阔、进深各五间，明三暗五层，高23.19米，十字歇山顶。楼的柱网结构为中央4根通天柱，高15.45米，四周再有32根木柱构成棋盘式。楼身三层四出檐。第一层的屋檐出挑很远，像一只巨型手掌把上面的几层楼阁托起；第二层有一个暗层，其平面变为折角十字；第三层也有一个暗层，其屋顶外观与第二层相似；

左　飞云楼第一层明间的补间铺作
右　飞云楼

第四层屋檐的出挑远于第二、第三层屋檐。第二、第三层的屋檐在四面都出现一个歇山顶抱厦，使得这两层的每个檐角都由1个变为3个，与底层屋檐、顶层屋檐有了明显的曲线变化，木楼的外立面由此打破了单一的直线、直角。各檐翼角翘起，势欲飞翔。可见这两层抱厦是飞云楼夺人眼球的关键。全楼345组铺作密集排列，有4层屋檐、12个三角形屋顶侧面、32个檐角，形状极富变化，飞逸轻盈。楼顶饰有黄、绿、蓝彩色琉璃瓦，阳光之下，更显富丽堂皇。其结构之巧妙，造型之精美，外观之壮丽，远胜于各地常见的钟、鼓楼建筑，堪称我国木结构楼阁建筑之杰作，被誉为“中华第一木楼”。后土祠中的秋风楼，在建筑手法上借鉴了飞云楼。因为飞云楼壮丽无比，喧宾夺主，它的大名几乎替代了东岳庙，人们只知飞云楼，而不知东岳庙。

午门面阔七间，进深六椽，单檐歇山顶，梁架结构具有元代风格。

献殿面阔七间，进深六椽，单檐硬山顶，柱头铺作为四铺作单昂。古人为了使当心间的空间开敞，将当心间的两根柱子外移。前、后檐及中柱上有硕大的额木，是典型的元代建筑风格。

享亭建于明正德年间，平面呈方形，十字歇山顶，四周有围栏，栏板上雕刻有流云纹和盘龙纹。享亭的藻井由多个方形和米字形组成，结构精巧。

大殿面阔五间，进深六椽，重檐歇山式，四周有回廊，前檐有一排盘龙石柱。

从建筑的规制上看，东岳庙建筑保存完好。

上　东岳庙午门

下　东岳庙享亭

稷王庙

国内现存唯一的宋代庑殿顶建筑

稷王庙位于万荣县太赵村，在稷王山西北。

稷王庙原来的山门，献殿，东、西配殿在抗战时期被日军毁坏，现仅存正殿和戏台。

正殿面阔五间，进深六椽。正殿的木构部分为北宋遗存。大殿建筑形制独特，殿内无一般建筑中的通长大梁承托，俗称“无梁殿”。

近年来，在无梁殿发现有墨书题记“天圣元年”的字样。天圣元年为1023年，距今已超过1000年。该殿是我国现存唯一的一座宋代庑殿顶建筑，也是国内现存最早的、建筑等级最高的稷王庙建筑。梁思成先生曾遗憾未见到北宋庑殿顶建筑遗存，万荣稷王庙的发现，是对他最好的告慰。正殿屋顶的厦坡很长，远远望去，大殿就像一把撑开的大伞。根据山西古建筑与彩塑壁画研究院院长路易的观点，现存的大殿在明代重修时对屋顶的举折进行了改动，宋代屋顶的举折要比现在看到的平缓，外观更加飘逸。大殿的铺作很有特色，柱头铺作硕大，为五铺作双昂一跳偷心、二跳直昂，是铺作直昂造的最早实例。铺作的昂头形制上直下卷，下昂曲线优美。大殿的梁架为平梁、前后乳栿用四柱，乳栿与劄牵之间使用梯形驼峰。平梁上使用双叉手，是现存古建筑中使用双叉手的最早实例。内侧叉手用材规整、硕大，叉手顶部承托于捧节令拱；外侧叉手用材弯曲、细小，其顶部承托于脊榑下。托脚斜戗劄牵头支撑平榑，开托脚撑平榑之先例。无论是屋顶形态，还是内部的梁架、檐下的铺作，万荣稷王庙都独具特色。该建筑比《营造法式》的印行时间（1103年）还要早80年，《营造法式》中的许多构造在这里都有呈现，证明了《营造法式》与秦晋豫黄河三角地区建筑的渊源关系。该庙前檐的两个边柱柱础为覆莲柱础，具有唐代特征，说明宋代的稷王庙是在唐代的基础上重修的。

庙内的**戏台**创建于元至元八年（1271），现存建筑为民国年间依照原样重建。庙内遗存的元代碑刻记载：“今有本庙自建修年深，虽经兵革，殿宇而在，现有舞基不曾兴盖。今有本村等谨发虔心，施其宝钞二百贯文，创建修盖舞厅一座，刻立斯石矣。”据此碑文可知，元朝初年戏剧表演在晋南乡间已很普遍。该碑刻为研究我国戏剧发展史提供了珍贵的实物资料，具有重要的文物价值。

上　铺作的昂头形制上平下卷，下昂曲线优美
下　戏台，前部为歇山顶，后部为硬山顶

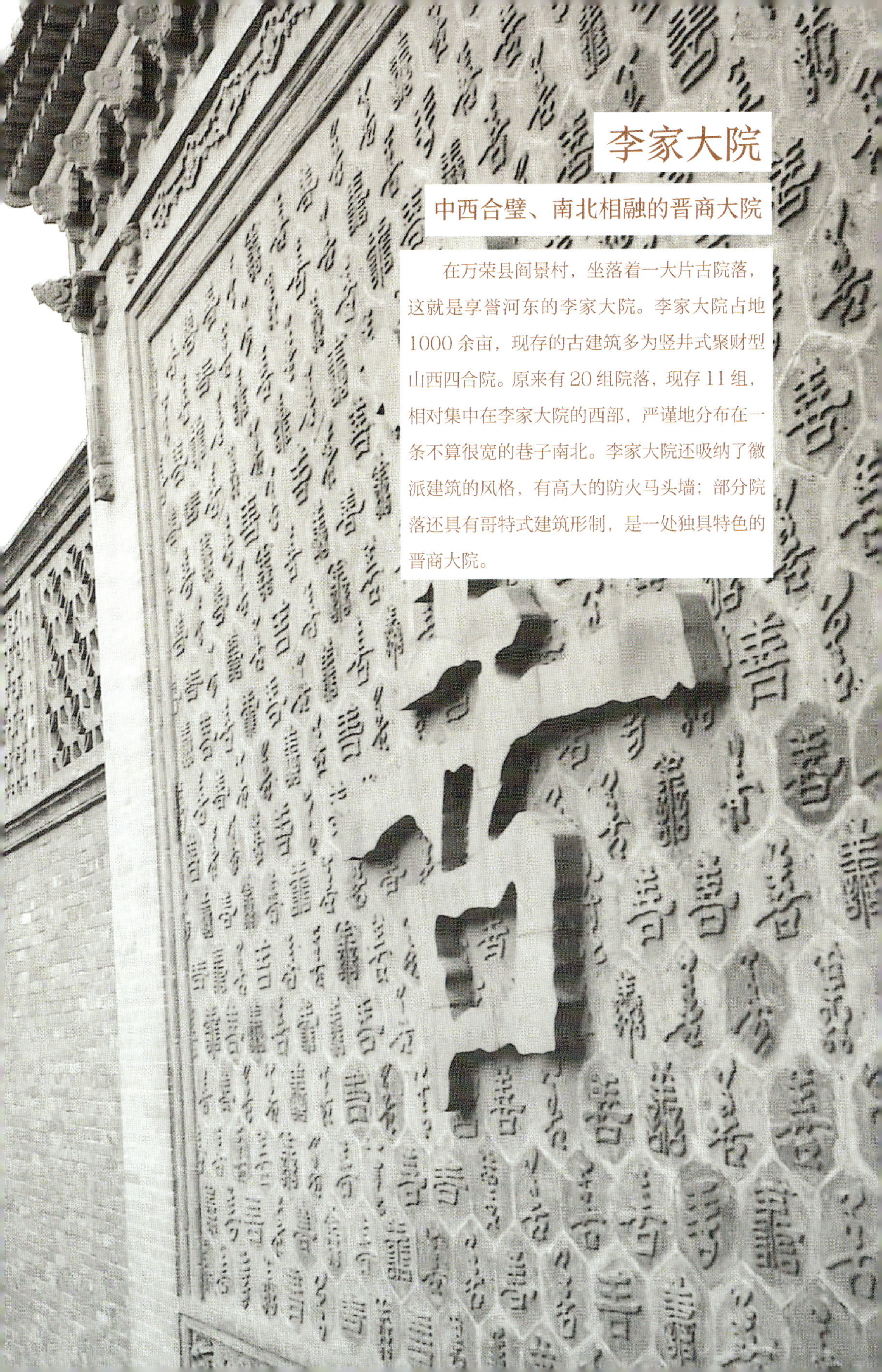

李家大院

中西合璧、南北相融的晋商大院

在万荣县阎景村，坐落着一大片古院落，这就是享誉河东的李家大院。李家大院占地1000余亩，现存的古建筑多为竖井式聚财型山西四合院。原来有20组院落，现存11组，相对集中在李家大院的西部，严谨地分布在一条不算很宽的巷子南北。李家大院还吸纳了徽派建筑的风格，有高大的防火马头墙；部分院落还具有哥特式建筑形制，是一处独具特色的晋商大院。

与众不同的晋商大院

李家大院从清道光年间（1821—1850）开始修建，一直持续到抗日战争前夕。虽然建筑历史不长，但在古建筑大省的山西能跻身于全国文物保护单位之列，自有其独特之处。李家大院在建筑风格上以“中西合璧、南北相融”的特点而有别于众多的山西传统大院。

李家大院有几处建筑为国内罕见，堪称绝品。李家大院的砖雕百善照壁，把365个不同字体的善字集中于一座照壁上，此为第一绝。李家大院以北方风格建筑为主，同时还兼有南方韵味十足的徽派建筑，此为第二绝。李家大院中，还有典型的欧洲哥特式建筑，此为第三绝。李家大院的私塾院月亮门使用了推拉式木门，此为第四绝。月亮门的上方有漂亮的砖雕，多达7层，此为第五绝。私塾院的月亮门内还有一副基本完好的砖雕对联：“知道诗人赋绸缪；止邱黄鸟叶绵蛮。”一般的砖石刻字均由书家写好，工匠制作，而此副砖雕对联却是由书家用手指直接书写在泥坯上，再进行烧制，故笔意流畅、字形饱满、效果极佳。“指书砖雕对联”为第六绝。在李家大院一经楼的窑洞顶上，有一道用砖瓦拼成的近百米的花墙，50组图案无一重复，颇具匠心，精致美观，建筑专家称之为“中国罕见的砖瓦墙”，此为第七绝。在李家大院的同顺堂、同德堂、信溥堂3组宅院中各建有夹层墙。宅院内东、西厢房的墙，从外面看与普通的墙没有什么区别，实际上里边的墙从墙皮到窗户边有1.2米厚，这就是李家大院特有的“夹层墙”。从二层阁楼可以通到夹层墙的里面，可用来存放贵重物品，特殊情况下还可以藏人，相当于我们现代的“保险柜”。如此大规模的夹层墙在中国古代民居建筑中也是很少见的，此为第八绝。

欧洲哥特式建筑风格的门楼

李家原来不姓李

李家的先祖是在明永乐年间从黄河之西的陕西韩城逃荒过来的，复姓相里。李家的先祖当年饿晕在黄河岸边，被好心的村民救助，辗转到万泉县的薛店村，走村串巷，做一些小本生意。在与当地百姓的交往中，人们把其复姓“相里”误听为“姓李”，以老李相称，其先祖也就将错就错，以李为姓了。李家的后代牢记当地善良的村民对先祖的热心帮助，在发家致富之后，怀抱感恩之心，以善行回报乡亲、回报社会。难能可贵的是，李家后代的感恩之心和慈善行动代代相传，惠及八方。方圆数百里，皆知“李善人”。

上 私塾院门楼木雕

下 李家大院中南方韵味的徽派建筑

无所不在的善文化

砖雕百善照壁

在李家大院的古巷道入口，有一座 6 米多宽、近 7 米高的百善照壁，上面有 365 个正、草、隶、篆不同字体的砖雕善字，寓意为一年 365 天天天行善。照壁相传为清道光年间所建，是全国独一无二的善字照壁。与我们在明清时期的大院常见的百寿照壁、百福照壁立意不同，李家大院的百善照壁不是利己的，而是利他的，体现了李氏家族以善为本、以善立家的文化观念。李氏族谱提出："凡我族人，必行善道，代代相继，万不可断。"在明清时期全国不计其数的商业世家中，像李家这样把慈善作为立家之本的家族，十分少见。而在过了近百年之后，方圆数百里的人们还口耳相传李家的善行故事，这在全国也是不多见的。

门楼匾额皆有善

李家大院的门楼匾额题字处处体现着善文化。李家第十四代李敬修院门楼匾额的题字是"善乃本"。第十五代李道行院门楼的匾额题字为"修德为善"，其会客厅内悬挂的是"为善是福"的条幅；李道升院子腰厅上方的题字是"为善最乐"；李道荣的商铺门楼匾额题字为"惟善为宝"。第十六代李大辅院子腰厅匾额的题字为"上善若水"。这些与"善"有关的匾额、题

左　百善照壁
右　李道行院门楼的匾额题字为"修德为善"

字，昭示着李氏家族世代传承善文化，要子孙后代把行善作为基本的人生信条，以行善为快乐、以行善为幸福、以行善为宝。

院落楹联必有善

李家大院内，凡门皆有楹联，凡楹联皆有善文化。庆禄堂过厅的楹联是“仁为福地一生乐；善作良田百代耕”。功德堂大门的楹联是“守东平王格言不外为善二字；遵司马公遗训只在积德一端”。月亮门的楹联是“知乎天地善为本；止也吉祥室有余”。艺园的楹联：“每闻善事心先喜；得见奇书手自抄。”这些善文化楹联既是院落主人的座右铭，也是留给后代的精神财富。中国楹联学会会长孟繁锦先生参观李家大院后感叹：“不登李门，安知善大；不入深宅，枉到河东。”欣然为李家大院题写：“三晋楹联第一宅。”

刻立于清代的劝善碑

李氏宗祠内有清光绪十三年（1887）建宗祠时刻立的一通劝善碑。碑文云：“上则护国佑民谓之善，下则周急不贪谓之善，内则孝亲爱子谓之善，外则尊长信友谓之善。心存此念，万善同归。”意思是：对于国家来说，最高的善是保卫国家、保卫人民；对于一般人来说，救人于危难、不存贪念就是善；对于家庭来说，孝敬长辈、疼爱孩子就是善；对于社会交往来说，尊敬老师、以诚信对待朋友就是善。这几点做到了，天下的善就归于一身了。

《李氏家训》中的善文化

李氏宗祠内供奉着《李氏家训》，其中第十六条是“行善道”：“善，无私也。人之在世，为善最乐，惟善为宝。施行善道乃家族兴旺之本。阳善享世名，阴德天报之，近可解他人之难，远可荫及后世。凡我族人，必行善道，代代相继，万不可断。”《李氏家训》以行善为家族兴旺之本，并提出

了“善者无私”这一富含哲理的观点，确实是一般的商人家族难以比拟的。

李家大院的善行实物

李家大院的功德堂内存放着世人对李家善行善举的褒奖实物，有“德行碑”“万善同归碑”，有“博施济众”“乐善好施”“为善有方，世人标的”牌匾，还有清廷为褒奖李家的善行而赠封的奉政大夫官服及五品宜人的服饰。在李家大院还保存着民国时期晋南大旱时李家人赈灾济困的“赈灾锅”。在大院的南边，立着一座 18 米高的阁楼，当年李家设粥厂赈灾，开饭时鸣钟，村民自带碗筷前来就餐。人们称之为“放赈楼”。

砖瓦墙承载的善文化

在李家大院一经楼的窑洞顶上，有一道用砖瓦拼成的近百米的花墙，50 组图案无一重复，颇具匠心，精致美观，建筑专家称之为“中国罕见的砖瓦墙”，应该是古建筑中的孤例。民国初年，河东发生灾荒，小麦歉收，阎景村中一些困难户缺粮少食。按常理，灾年是不建房的。李家家主李道行却决定新建房屋，主要目的是通过自家的建房工程，为村中的贫困者提供体面的吃饭机会。李道行建窑洞房时，特别聘请村中的家无余粮者。通过增加工序，延长工期，让这些人多停留，多吃饭，多拿钱。为了延长工期，李家故意让一些老人用筛子筛土、和泥，两个月的活干了半年之久，直到乡邻们度过灾荒为止。当时有好多人都不理解，说李道行这样干既耗费银子，又延误工期。李道行回答说：“不就是多吃几顿饭，多给点银子吗？人家又不白吃，也不白拿工钱。”干活的人们都知道李家是在变着法帮助自己度过荒年，十分感激，都暗中较劲，施展各自在建筑方面的才华，建造了窑洞顶上精致的花墙。在扶困济危时顾及被帮扶人的尊严，足见李家的用心良苦。这道百年前的砖瓦花墙，向世人展现了李家慈善为本、助人为乐、不图虚名的高尚情怀。

砖瓦花墙

李家的善行故事

李家赈济河东 17 县

1928 年、1929 年，中原地区连年大旱，李氏兄弟李道升、李道行、李道在、李道荣、李道临等人决定竭尽全力救济灾民。李家先后赈济河东 17 县每县 1000 银圆，给河东救济总会捐款 10000 银圆，对万泉县、阎景村及祖居地薛店村特别救济 4000 银圆和 2000 银圆。李家还在薛店村、阎景村和运城池神庙三地设粥厂救济灾民，要求赈灾的粥要稠，筷子插在碗里不能倒。数月过后，李家的存粮已空。李家兄弟便每天派马车到各地去购粮，不问价钱多少，装满就回。李家不再做饭，家里所有人都到粥棚排队领粥，无一人例外。这次赈灾直至第二年秋收后才停止，李家为此欠下一大笔外债。这次严重的灾害，造成河南、陕西等地许多人饿死、病死。河东各县因为李家的赈灾，灾情大为减轻。河东各县县长纷纷请求山西省政府表彰李家。当时山西省政府主席阎锡山为李氏家族颁发“博施济众”牌匾一块，以示褒扬。万泉县县长亦颁给李家“乐善好施”牌匾。

在西安城救济难民

1938 年，李氏家族中的大多数人逃往西安避难。为了阻止日军南下，蒋介石下令炸毁花园口的黄河堤坝。此举并未阻止日军进攻，却造成大量的河南百姓流离失所。其中一部分难民逃往西安，西安城内的大街小巷到处是衣衫褴褛、面黄肌瘦的灾民。在西安避难的李道在、李道荣兄弟看到这情景，倾其财力救济难民。他们从自己的商铺和钱庄拿出数万银圆，让几个掌柜到西安城内各粮店购买了五百石粮食，然后印制三斗、五斗粮票，盖上自己的印章，同掌柜们一起上街，把粮票发给难民，直至发完为止。

抗日战争开始后，日军经常轰炸西安。为了保护家人和街坊四邻的安全，李道荣在西安城的南城墙边修建了一个防空洞，洞中可容纳数百人。1938 年 9 月 5 日清晨，西安城上空再次响起防空警报。李道荣掩护家人和街坊四邻往防空洞里躲避。他站在洞口维护秩序，当所有的人都躲进防空洞时，李道荣松了一口气，他正要抬脚进洞，一声刺耳的飞机俯冲声后，防空洞洞口突然落下了一颗炸弹，防空洞里的人都尖叫起来：“李东家快躲开！快躲开！”这颗炸弹半截扎在地里，没有响，所有的人都惊出了一身冷汗。空袭过后，人们都说李道荣福大命大，是老天对大善人的回报。

洋媳妇的善行

麦克蒂伦是李道行在英国留学时结识的英国姑娘，二人相爱成婚。回到中国后，麦克蒂伦不甘于在家相夫教子，渴望能为社会做些事情。她先在李家的私塾教授孩子们学习英语，后来为了让本村的孩子有学上，在李道行的帮助下，麦克蒂伦出资在阎景村修建了一所小学校，每年还拿出 30 两银子做补助经费。她托人从太原购回一架钢琴，教孩子们学习音乐。麦克蒂伦于 1918 年去世后，村民们自发地给她送了一块“德风善霖”的牌匾。

麦克蒂伦居住的院子

2016 年 3 月 4 日，山西省民政厅、山西省文物局批准在李家大院成立山西慈善博物院。在中华慈善总会、山西省民政厅、山西省文物局、山西省慈善总会的支持下，2016 年 9 月 9 日，山西慈善博物院在李家大院正式揭牌。这不仅填补了慈善博物院（馆）在山西的空白，而且对弘扬中国慈善文化、发展慈善事业有着重要的现实意义。

后土祠

一曲秋风传千古

后土祠位于山西省万荣县西南 40 千米处黄河岸边庙前村北，是中华大地上最古老的祭祀后土的祠庙。

祭祀后土的天选之地

据有关文献记载，在今天万荣县的西边，汾河和黄河的交汇处，有一处四面环水的长方形高地，古人称之为“汾阴脽”，高 10 余丈、宽 2 里、长四五里，面积达 200 多万平方米。按照中国古代的礼制要求，“祀地于泽中方丘”，即在“泽中方丘”祭祀土地神。“泽中方丘”就是四面环水的水中高地。泽是指大水，象征承载大地的海洋，大地需要水的滋润，所以要选择在“泽中方丘”祭祀大地之神。地处河、汾之交的“汾阴脽”，地肥水美，西望梁山，东眺峨嵋塬，两大河流环绕，是符合古代礼制文化的一处天然的“泽中方丘”。传说上古时期轩辕黄帝就在此扫地设坛祭祀土地之神。后来的汉、唐、宋历代皇帝都在此地祭祀后土。明清时期，由于黄河河道的摆动，“汾阴脽”受到侵蚀，后土祠随之屡毁屡建，但一直建在黄河、汾河交汇之地。祭祀后土，实际上是在表达一种对数千年华夏农耕文明的守望和对大地的崇拜。

汉代皇帝到河东祭祀后土

“秋风起兮白云飞，草木黄落兮雁南归。兰有秀兮菊有芳，怀佳人兮不能忘。泛楼船兮济汾河，横中流兮扬素波。箫鼓鸣兮发棹歌，欢乐极兮哀情多。少壮几时兮奈老何！”汉武帝这首《秋风辞》，作于元鼎年间他到河东的汾阴

秋风楼上的《宋真宗祈嗣图》

县（今山西省万荣县）祭祀后土之时。

我国古代地名的命名原则以水之南为阴，水之北为阳。山西的母亲河汾河在流经 700 多千米后，于今万荣县西汇入黄河。因为地处汾河之南，万荣县在汉朝时被称为汾阴县。

汉文帝十六年（前 164），汉文帝派遣官吏在汾阴县的黄河岸边修建后土庙。公元前 116 年，人们在汾阴县发现古鼎，被视为祥瑞之兆，汉武帝为纪念这一祥瑞事件，改元“元鼎”。元鼎四年（前 113），汉武帝在雍县（今陕西省凤翔县）祭天时，对大臣们说：“今上帝朕亲郊，而后土无祀，则礼不答也。”汉武帝认为祭祀了天神上帝而不祭祀大地之神后土，于礼不合。于是，在太史令司马谈和祠官宽舒的建议下，汉武帝“立后土祠于汾阴”。同年初冬，他渡过黄河，到汾阴县的河、汾交汇处，按照祭天的礼仪祭祀后土。

汉武帝在完成祭祀后土的仪式之后，与群臣泛舟于河汾之间，欢宴于船上，极目四望，秋风萧瑟，草木落黄，鸿雁南归。武帝即景生情，吟出了千古流传的《秋风辞》。这次汾阴之行时，汉武帝 44 岁，已经当皇帝 27 年，正筹划平定南方的南越，西汉王朝的军事、经济、文化开始进入全盛时期。汉武帝在作品中流露出岁月流逝、人生易老的感叹。此诗语言清丽、音韵流畅、节奏明快、情景交融、意境优美，在艺术风格上有楚辞遗韵，是中国文学史上“悲秋”的名作。鲁迅先生曾评价此诗“缠绵流丽，虽词人不能过也”。

后来，汉武帝又在元封四年（前 107）、元封六年（前 105）、太初二

秋风楼上的《汉武帝得鼎图》

年（前 103）、天汉元年（前 100）先后 4 次（总计 5 次）到汾阴祭祀后土，并在后土祠建造了一座万岁宫。汉宣帝在神爵元年（前 61）、五凤三年（前 55）两次到汾阴祭祀后土。汉元帝在初元四年（前 45）、永光五年（前 39）、建昭二年（前 37）3 次到汾阴祭祀后土。汉成帝在永始四年（前 13）、元延二年（前 11）、元延四年（前 9）、绥和二年（前 7）4 次到汾阴祭祀后土。东汉建武十八年（42），光武帝率群臣到汾阴祭祀后土。这是汉朝皇帝最后一次来汾阴祭祀后土。从史书记载来看，两汉时期，皇帝到汾阴祭祀后土共 15 次。

汉成帝后土祠求子的故事

汉成帝初年，丞相匡衡和御史大夫张谭向皇帝上奏，认为到汾阴祭祀后土，路途遥远，风险较大，劳民伤财，建议把后土的祭祀活动改在长安北郊，把祭天的活动改在长安南郊。汉成帝采纳了他们的建议。过了两年，匡衡因为别的事情被罢了官，朝野上下都认为这是上天对匡衡的惩罚，认为他不应该建议皇帝改变祭祀天地的地方。大臣刘向向汉成帝建议，历代帝王在汾阴祭祀后土并不是随意而为，是有所依据的，不要轻易改变祭祀后土的地方。汉成帝也十分后悔当初听从了匡衡的建议。

汉成帝永始三年（前 14），汉成帝的母亲看到皇帝久无子嗣，认为这是上天对皇帝不去汾阴祭祀后土的惩罚，便以皇太后的名义下了一道诏令，要求恢复古制："复甘泉泰畤、汾阴后土如故。"第二年三月，汉成帝率群臣渡过黄河，到汾阴祭祀后土。汉成帝这次祭祀后土，有求子之意，祈求神灵原谅自己，保佑自己后继有人。《汉书·扬雄传》记载："孝成帝时，客有荐雄文似相如者，上方郊祠甘泉泰畤、汾阴后土，以求继嗣，召雄待诏承明之庭。"后来汉成帝果然有了皇子。在后土祠求子的习俗一直延续至今，万荣人称其为"拔花"。

唐代的后土祭祀

唐玄宗开元十年（722），大臣张说向唐玄宗上奏说："汾阴脽上有汉家后土祠，其礼久废，陛下宜因巡幸修之，为农祈谷。"为了体现开元盛世的繁荣气象，祈求大唐天下五谷丰登，唐玄宗于开元十一年（723）和开元二十年（732）两次到汾阴祭祀后土。在开元十一年祭祀后土时，玄宗在后土祠掘得两尊古代宝鼎，便将汾阴县改为宝鼎县。

《唐大诏令集·祀后土赏赐行事官等制》有这样的记载："北巡并都，南辕汾上，览汉武故事，修后土旧祠。时为仲春，地气萌动，将先政本，为众祈谷……宝鼎出地，奠此币玉，荣光塞河……改汾阴为宝鼎。"可知在开元十一年祭祀后土之前，唐玄宗曾下令对后土祠进行扩建，后土祠的建筑规模更加庞大。

唐代诗人李峤有《汾阴行》一诗，讲述了汉代祭祀后土的盛况，从中也能说明开元以前后土祠的一些情况："斋宫宿寝设储供，撞钟鸣鼓树羽旗""河东太守亲扫除，奉迎至尊导銮舆。五营夹道列容卫，三河纵观空闾里""埋玉陈牲礼神毕，举麾上马乘舆出。彼汾之曲嘉可游，木兰为楫桂为舟"。可知，当时后土祠建有供皇帝祭祀斋戒的宫殿、住宿的行宫、钟楼、鼓楼等建筑。

李峤的《汾阴行》最后一段是："自从天子向秦关，玉辇金车不复还。珠帘羽扇长寂寞，鼎湖龙髯安可攀。千龄人事一朝空，四海为家此路穷。豪雄意气今何在，坛场宫馆尽蒿蓬。路逢故老长叹息，世事回环不可测。昔时青楼对歌舞，今日黄埃聚荆棘。山川满目泪沾衣，富贵荣华能几时？不见只今汾水上，惟有年年秋雁飞。"李峤看到了"坛场宫馆尽蒿蓬"的景象，听到了汾阴故老长长的叹息，所以才发出"世事回环不可测""富贵荣华能几时"的慨叹。相传，唐玄宗晚年有一次曾命梨园子弟唱曲，伶人便唱了这首诗。唐玄宗联想到自己的晚年境况，百感交集，潸然泪下，连连赞叹道："李峤真才子也。"

宋代的后土祭祀

北宋大中祥符三年（1010），在河中知府和朝中文武百官的请求下，宋真宗同意在次年春到河东祭祀后土。在此之前，宋真宗的几个皇子相继夭折，宋真宗这次祭祀后土，也有祈求神灵保佑后继有人的意思，现在秋风楼上还有“宋真宗祈嗣”的石刻图像。

大中祥符三年八月，为给次年的祭祀后土做准备，朝廷调发 5000 军人赴河东服役。宋真宗任命陈尧叟为祀汾阴经度制置使、王旦为祀祠大礼使、王钦若为礼仪使。九月，河东转运使调运缗、帛、粮草十万运往河中府，供作祭祀后土的费用。宋真宗责成有关官员制订祭祀的礼仪程序，并对后土祠进行了大规模的维修和扩建，“行宫祠庙，缔构一新”。经过整修扩建的后土祠，庄严宏伟，改名为太宁庙，当时号称“海内祠庙之冠”。与现在的后土祠只有五岳殿、五虎殿两大配殿不同，宋代的后土祠有六大配殿：东边依次为真武殿、六甲殿、五道殿；西边依次为五岳殿、六丁殿、天王殿。真武殿供奉真武大帝，五岳殿供奉五岳之神，这些神灵在后土祠中仅是后土的护法神，可见后土祠当时地位之高。因为宝鼎县位于京城开封之西，历史上把

《汾阴二圣配飨铭》（局部）

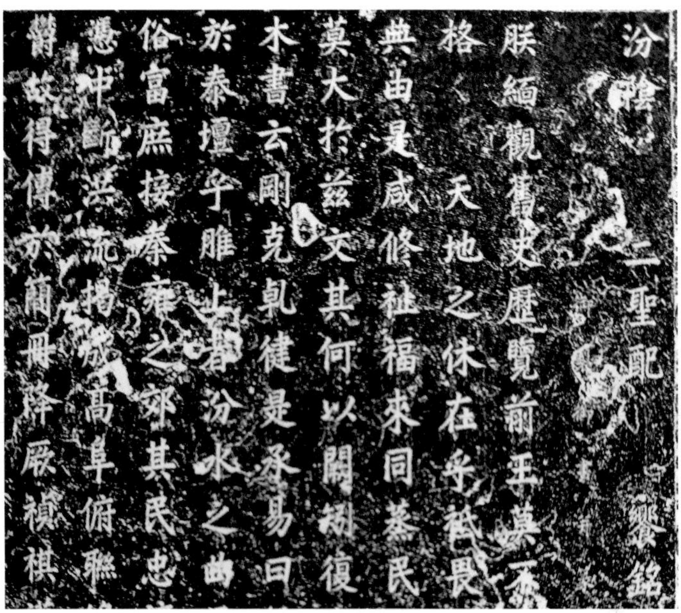

这次祭祀后土的活动称为“西祀”。

大中祥符四年（1011）正月，宋真宗在开封的崇德殿演习了一遍祭祀后土的仪式，可见其重视程度。二月，宋真宗率文武百官到河东的汾水之曲、黄河之滨祭祀后土，典礼十分隆重，史称“跨越百王之典礼”。因为祭祀后土，皇帝大赦天下，东京开封监狱中的犯人全部得到赦免，牢房为之一空。为了减轻地方的负担，朝廷免除河中府赋役一年，免除宝鼎县赋役两年。宋真宗先到宝鼎县后土祠的奉祇宫，第二天登临后土祠后面园林中的延庆亭，第四天举行祭祀大典。宋真宗认为后土祠一带，“其俗富庶，接秦雍之郊；其民忠淳，被虞夏之教。地形诡异，神道依凭，中断洪流，揭成高阜”。祭祀活动结束后，宋真宗在后土祠旁边的穆清殿大宴群臣，“赐父老酒食衣帛”。他还亲自撰写了一篇《汾阴二圣配飨铭》，追述汉唐祭祀后土之盛况，表达宋代敬奉后土之诚心。后来，这篇铭文被勒石刻碑，至今保存在后土祠内。我国古代由皇帝书丹的碑刻并不多见，故此碑为古代名碑之一。

70 多年后，宋哲宗元祐二年（1087），因后土祠年久失修，官方又派人对后土祠进行了一次大规模的维修，“东西饰御碑之楼，四角葺城隅之缺。金字榜碑，绘彩焕烂。前殿后寝，革故翻新”。这次维修，用钱 110 万，人工 24300 人，历时 7 个多月。竣工之日，“邦人瞻观，远近为之欢欣鼓舞，携带老稚来歆享，益加敬焉”（宋杨照《重修太宁庙记》）。

在大中祥符四年祭祀后土时，因为“荣光溢河”，即祥瑞之光出于后土祠旁的黄河中，宋真宗便下令改宝鼎县为荣河县，以资纪念。荣河县的名称一直沿用到 1954 年与万泉县合并为止。汉武帝、汉宣帝、唐玄宗、宋真宗 4 位皇帝，或改年号，或改县名，都是想显示自己的皇权与后土祠有神秘的联系。

北宋之后的后土祭祀

金元两代，皇帝虽然没有亲自到河东祭祀后土，但在金章宗完颜璟和元世祖忽必烈当政时，都曾专门派遣官员到荣河县（今山西省运城市万荣县）祭祀后土。

明清两代定都北京，由于路途遥远，皇帝亲自到山西西南部的荣河县去祭祀后土实在不方便，所以朝廷便把祭祀土地神的活动放在北京举行。最初是在天地坛合祭天地，明嘉靖九年（1530），朝廷又在北京安定门外修建了专门祭祀土地神的地坛。从明嘉靖年间开始，一直到清末，地坛成为明、清两代皇帝祭祀土地神的专用场所。

从传说的黄帝在汾阴扫地为坛祭祀后土算起，华夏民族对后土的祭祀已经持续了近 5000 年。从汉武帝元鼎四年在汾阴立后土祠祭祀后土算起，官方对后土的祭祀活动也有 2100 多年的历史了。接续不断的后土祠祭祀，是中华民族对土地祭祀文化的传承。汾阴后土祠在这一文化的传承中，具有承上启下的作用，意义重大。

近年来，每逢农历三月十八，后土祠都要举行规模盛大的祭祀活动。好多港澳台同胞也会组成“赴大陆后土祭祖团”，到万荣县后土祠虔诚地祭拜华夏大地之神。在阵阵礼乐声中，成千上万的当地百姓，会同各地前来的游客，以及专程祭拜的港台同胞，一起敬奉华夏共同的始祖。后土祠中的袅袅青烟，象征着华夏民族香火永续、绵延久远。

宋代的后土祠在中国建筑史上的地位

金天会十五年（1137），荣河县知县张维将后土祠的建筑全貌立石镌刻，刻成“后土祠庙貌碑”。这次刻石距北宋元祐二年（1087）维修后土祠仅 50 年，石碑所呈现的就是宋真宗祭祀后土时的建筑规模（元祐二年增建了唐明皇碑楼、宋真宗碑楼、4 个角楼）。从碑刻来看，整个后土祠建筑群西临黄河，北依汾水。中轴线上的建筑依次为：棂星门、太宁庙、承天门、延禧门、坤柔门、坤柔殿、寝殿、配天殿、扫地坛。这块石刻在中国古代建筑史上具有十分重要的学术价值。

棂星门三开间，门左右各有廊，廊两侧与角楼相接，形成一个T字形庭院。

上　明代重刻的宋代后土祠庙貌碑
下　宋代后土祠主殿坤柔殿石刻图

往北，正中为五开间歇山顶大门，有门额“太宁庙”，门两侧有廊，左右各五间。进入太宁庙，院内左右各有一碑楼，左为唐明皇碑楼，右为宋真宗碑楼，碑楼之侧各有二殿。再往北是承天门，三开间歇山顶。院内左右各有一碑楼，右为“修庙记”碑楼，重檐歇山顶，左面一楼字迹模糊，楼名不可考。再北，为延禧门，为三开间悬山顶建筑。由延禧门再往后即为正庙之前院。可以看出，从大门向北，经过四重庭院，才进入后土庙的重要部分。有关专家认为，宋代建筑的总体布局和唐朝不同，沿着轴线排列着四重庭院，加长了后土祠的纵深。

宋代对后土之神的封号全称是“承天效法厚德光大后土皇地祇”，是掌管阴阳生育、万物生长与大地山河之秀的母性神灵。正因为后土之神为女性，所以后土祠正庙的大门称作坤柔门，正殿名坤柔殿。坤柔门与承天门相仿，左右为围廊，形成廊院。坤柔殿面阔九间，重檐庑殿顶，下部有较高的台基，

北宋汾阴后土祠鸟瞰图（傅熹年 绘制）

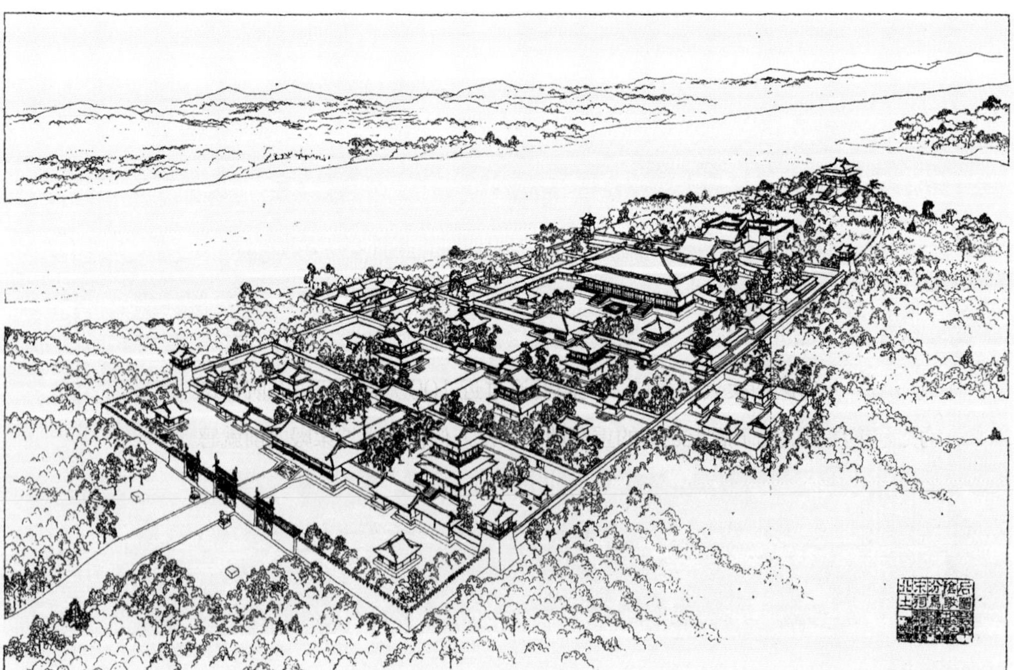

正面设左右阶。院内左右各有一方亭。坤柔殿之后为三开间歇山顶的寝殿，寝殿与坤柔殿之间，以廊屋连成工字形平面，与北宋东京汴梁的宫殿大致相同。院内两侧各有三殿，左面从南到北为五岳殿、六丁殿、天王殿，右面从南到北为真武殿、六甲殿、五道殿。刘敦桢先生主编的《中国古代建筑史·宋辽金时期的建筑》“祠庙及寺塔经幢”一节说，这种工字形殿和两侧斜廊及周围回廊相组合的方式，是这个时期出现而且影响后代建筑的一种布局方法。北京故宫的太和殿周围在明代是廊庑环绕的形式，殿的两侧也有斜廊，其制度与上述例子相同。这种利用连续的回廊以衬托高大的主体建筑的方式，形成相当开敞而又主次分明的空间效果，是中国古代营造建筑常用的手法。

廊院以北，用围墙与后部的扫地坛分隔。围墙的正中突起高台，上有一座三开间悬山顶小殿，即“配天殿”。其后接一个工字形高台，台上有亭。最后部分为“旧轩辕扫地坛”，周围遍植树木。前院左侧有一座重檐方亭，后院正中为坛，上建重檐歇山顶大殿，左右有配殿。后土祠的后墙为半圆形，寓意天圆地方。

根据庙貌碑的图示，宋代的汾阴后土祠共计 7 个空间、9 个院落。“南北长七百三十二步，东西阔三百二十步”，约合南北长 1207 米、东西宽 528 米，占地面积 64 万平方米。就长度、宽度而言，宋代的后土祠是现在的 5 倍，占地面积是现在的 25 倍，和明清北京故宫的面积差不多，难怪当时称其为“海内祠庙之冠”。

宋代的后土祠建筑，以坤柔殿为核心，前面布置了一系列的庭院和建筑，其中由棂星门至太宁庙为第一段，太宁庙至承天门为第二段，承天门到延禧门为第三段，延禧门到坤柔门为第四段，坤柔门到坤柔殿为第五段。这样的建筑布局，在到达坤柔大殿之前，人们要通过近 1000 米的五门五院，这样的处理手法，烘托了后土之神的重要地位，使人们在进入坤柔殿之前就感到了肃穆的气氛。

宋代的祠庙建筑分为三个等级，后土祠是按照最高的等级标准修建的。明清北京故宫的中轴线上，依次为大清门、天安门、端门、午门、太和门、太和殿，在到达主殿太和殿之前，也要通过五门五院。《中国古代建筑史·元明清时期的建筑》中这样记述：“明清故宫建筑在总体布局上是继承着前代经验而进一步发展的。如果拿宋代的后土祠及明清的太原崇善寺和故宫相比较，不难看出它们之间在主体建筑的空间处理和主要与次要建筑群的排列关系上有很多相同之点。”

北京的天坛，始建于明永乐十八年（1420），内外围墙均为南方北圆，寓意“天圆地方”，是皇帝祭祀皇天、后土的场所，当时叫“天地坛”，与宋代汾阴后土祠的后墙为半圆形，寓意“天圆地方”有渊源关系。在明嘉靖九年（1530）以前，朝廷实行的是天地合祭之制，即祭天、祀后土都在天地坛一处。嘉靖九年，皇帝听从了有关大臣的建议：“古者祀天于圜丘，祀地于方丘。圜丘者，南郊地上之丘，丘圜而高，以象天也。方丘者，北郊泽中之丘，丘方而下，以象地也。”于是朝廷决定天、地分祭，在天地坛的大祀殿之南建“圜丘”祭天，在安定门外另建“方泽坛”祭地。嘉靖十三年（1534），朝廷把“圜丘”改名“天坛”，“方泽坛”改名“地坛”。明清时期的北京天坛借鉴了宋代汾阴后土祠“天圆地方”的寓意，所以说天坛建筑外观源于汾阴后土祠。

《清会典·天坛》北京天坛平面图·内外围墙均为南方北圆

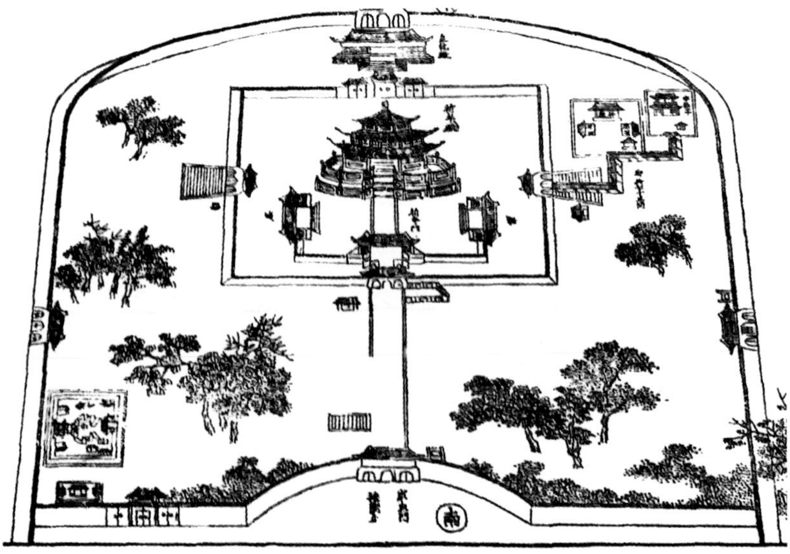

后土祠现状与特色

明隆庆年间（1567—1572），黄河河道向东摆动，汾阴脽被黄河侵蚀，汾阴脽上的后土祠受到洪流的威胁，随时有被淹没的危险。明万历末年，人们只得将后土祠往东移建。清顺治十二年（1655），黄河水决，后土祠内的大部分建筑被黄河冲毁，只留下秋风楼和门殿。康熙元年（1662），黄河再决，秋风楼也一同被淹没于黄河中。康熙二年（1663），朝廷重建后土祠于今庙前村北。同治六年（1867），后土祠再次被黄河冲毁。同治九年（1870），后土祠移建于庙前村北的高崖上，至今已有150多年的历史。

现在的后土祠，东西宽105米、南北长240米，占地面积2.5万平方米。祠内建筑有山门，舞台，东、西五虎殿，献殿，正殿，秋风楼等，布局严谨、结构合理。和唐宋时期相比，现在的后土祠规模要逊色不少，但仍不失为一处庞大而辉煌的古代祠庙建筑群。

祠内的戏台由“前一后二”3座戏台前后连缀排列，形成品字形格局，为全国孤例，至为珍贵。从声学原理来看，3座戏台距离很近，如果处理不好音响效果，就会互相影响。当年在建造品字形戏台时，应是充分考虑了声

后土祠山门背后的过路戏台

音的直射、反射等声学原理，我们不得不佩服古人的智慧。位于前面的戏台，俗称过路戏台，平时是山门，唱戏时在高处放上木板，就成为戏台。每逢庙会，台上唱戏，台下走人。戏台两侧的对联颇有意思，联曰："游哉悠哉，头上生旦净丑；演也艳也，脚下士农工商。"后面的两座戏台，西台为佛家台。台前也有对联，"空即色，色即空，我闻如是；画中人，人中画，于意云何。"东台为道家台。其联语曰："前缓声，后缓声，善哉歌也；大垂手，小垂手，轩乎舞之。"据说当年东台唱蒲剧，西台演秦腔，过路戏台则唱豫剧，哪个戏台的戏好，观众便涌到哪个台下喝彩观看，这也是中国戏剧史上的一个奇观。

品字形戏台中的佛家戏台、道家戏台的额枋及额枋以上的木雕，采用透雕技法，刀工精湛、线条流畅、造型优美。佛家戏台的斗拱之下，彩绘人物依稀可见。

献殿正脊由琉璃构件组成，居中高竖一座三层小城楼，城楼的大门紧闭，东西各开一个门洞。城楼东西各立一狮、一象，各驮一个宝瓶。两侧有连绵不断的莲花造型。这样的装饰在献殿的屋脊上形成屋顶有城、城上有楼的"天上人间"的效果。

后土祠品字形戏台

上　品字戏台的精彩木雕
下　献殿北檐的三层木雕

献殿、正殿是祠内建筑的精华，建筑工艺精巧，木雕艺术可谓巧夺天工，光彩夺目。在献殿内，有 4 个拱形门洞，门洞上方的匾额和砖雕简单而别致。献殿东、西山墙的正面有精致的砖雕，西侧山墙最下层的砖雕别具匠心，在洞口雕刻着一只展翅的蝙蝠，好像正要从洞中飞出。

献殿与正殿之间有过亭相连。正殿前廊檐下的木雕形式多样，内容丰富，华丽精彩，是清代后期晋南地区古建筑华丽雕刻的代表。正殿前的柱础上有石雕，也颇有特色，在有限的空间内安排了五层石雕，并采用了浮雕、圆雕、平雕等多种技法。

秋风楼位于正殿之后，因藏有汉武帝《秋风辞》碑刻而得名。楼高32.6米，下部为一高大的台基，东西穿通。楼分3层，四周有回廊。楼身比例适度，檐下铺作结构古朴精美，形制巍峨劲秀。秋风楼的挑角十分漂亮，每个挑角上都有一个精致的武士塑像。

秋风楼下有一条东西向的古代驿道，即张仪古道，战国时期张仪曾经由此道入秦拜相。1937年秋，朱德等中国共产党的高级将领率八路军3个师3万余人从陕西韩城渡过黄河，在庙前渡口上岸，经张仪古道奔赴华北抗日前线，秋风楼见证了这一历史时刻。

秋风楼

毛主席关注后土祠

20 世纪 50 年代初，毛主席曾向当时的山西省委书记陶鲁笳询问后土祠和秋风楼的情况。后来，毛主席还不止一次提到后土祠。2004 年 5 月，毛主席的女儿李讷应邀到万荣县参加“甲申年海峡两岸祭后土大典”，拜谒了后土祠。

峨嵋塬逶迤于东，大河奔腾于西。此地乃汉、唐、宋祭祀之圣地，天下后土庙之祖祠。览河汾交汇之胜景，传百代诗文之遗韵。如果选择在农历九月游览后土祠，你会看到秋风阵阵、白云飘飘、黄叶片片、诗意浓郁的河汾秋景。

“彼汾之曲嘉可游”，去那里感受一番吧！

秋风楼檐角

JISHAN XIAN

稷山县

稷山县境内的行走路线：

从县城稷王庙向西6千米至青龙寺、马村宋金墓。

稷王庙

“农味”十足的国保建筑

稷王庙位于稷山县城，重修于清代，距离稷王山的直线距离为 25 千米。

后稷的老家在晋南

周人的先祖源于晋南，周人的先祖后稷播百谷于稷王山的传说由来已久。在晋南地区，春秋以来就有与“稷”有关的地名和纪念地。最早见于文献的是《左传·宣公十五年》：“晋侯治兵于稷（在稷这个地方进行军事演习）。”西晋杜预注：“稷，晋地，河东闻喜县西有稷山。”《后汉书·郡国志》记载闻喜县“有稷山亭”。北魏郦道元《水经注》记载：“汾水又经稷山北，在水南四十许里。山东西二十里，南北三十里，高十三里，西去介山一十五里。山上有稷祠，山下稷亭。”正是因为今天的稷山、闻喜、万荣、新绛一带曾经是周人祖先后稷活动的地方，所以才有稷祠、稷亭、稷王庙、稷益庙等与后稷相关的遗存。万荣县太赵村遗存有建于宋代的稷王庙，稷山县有建于元代的稷王庙，闻喜县吴吕村有建于元代的后稷庙，新绛县阳王镇有重修于元代的稷益庙、北池村有稷王庙，皆为国家文物保护单位。国内其他地方也有关于后稷的传说，但都没有形成像晋南地区这样如此密集的、高等级的、持续不断的后稷崇拜的庙宇建筑。在晋南地区现存的稷王庙中，稷山县的稷王庙建筑面积最大、建筑最为精美。

稷王庙的建筑特色

进入稷王庙大门之后，迎面看到是献殿，进深 10 米、东西宽 14 米，单檐硬山顶，屋顶彩色琉璃装饰。

献殿前、后檐的额枋上为木质浮雕，前檐当心间额枋的木雕是后稷教民稼穑，东次间额枋木雕是春天耕作播种的场景，西次间额枋木雕是农民收获庄稼的场景。教民稼穑的稷王，辛勤劳作的农夫，体格壮硕的黄牛，碾打谷物的碌碡、扇车等，形象逼真，造型生动，线条流畅。在西次间额枋上的木雕作品《夏收》中，一个农夫正手摇扇车，前面的一位农夫手里拿着簸箕，踩在一个凳子上，站在一侧操作，而不是像通常见到的坐在扇车顶部操作。这些都是研究我国农耕文化的珍贵资料。

上　钟楼木雕·大象

下　献殿西次间额枋木雕·夏收图之一、之二

献殿内东、西山墙上都嵌有巨幅石雕，均高 2.8 米、宽 4 米。西山墙石刻为道光二十四年（1844）稷山知县李景椿为重建稷王庙告成所赋七古一章，全文共 400 余字，书法劲秀。东山墙石刻为稷山八景图，雕工一流，人物、动物、树木、花草，栩栩如生。

献殿左右为**钟、鼓楼**。钟、鼓楼长、宽各 4 米，均为楼阁式重檐十字歇山顶建筑，翼角飞起，雕梁画栋。钟楼（东侧）和鼓楼（西侧）的木雕十分漂亮。钟楼的木雕大象眼睛炯炯有神，长长的象牙十分突出，犀牛、奔马动感十足。雀替木雕有市井图、农夫劳作的场景图案，坐在牛背上的放牧人和砍柴归来的樵夫手中都拿着书，边走边读。

献殿之北为**后稷楼**，建在 2 米高的台基上。后稷楼为楼阁式重檐歇山顶建筑，屋顶饰有彩色琉璃。楼高 30 米、东西长 20 米、南北宽 19 米，面阔、进深均为五间。后稷楼一层当心间额枋木雕的雕工精湛，图案也很有特色，为“二龙捧福”，两条龙之间雕刻一只展翅欲飞的蝙蝠。献殿回廊的石雕别具特色。回廊有 20 根雕花石柱。前廊有两根浮雕盘龙石柱，用整块石头雕刻而成，工艺十分精湛。两条石雕巨龙周长 123 厘米。东边的一条

左　后稷楼一层当心间雀替木雕
右上　侧观鼓楼、献楼、后稷楼
右下　从单孔桥看后稷楼

是水龙，云腾浪涌，龙飞海上；西边的一条是火龙，火焰熊熊，飞龙穿越。柱础高 52 厘米，周长 156 厘米。这两根石柱的雕刻艺术，较北京故宫和解州关帝庙的盘龙石柱技高一筹，浮雕的高度 10 厘米左右，龙爪的雕刻颇见功力，代表了中国古代石雕技艺的最高水平。后稷楼的后廊柱石雕为龙凤雕刻和龙虎雕刻。回廊外围以 52 块雕花石板构成屏风形栏杆。每块石栏板高 74 厘米、宽 90 厘米，栏板图案雕有山水、人物、花卉、飞禽、走兽等，内容为二十四孝、八仙过海、渔樵耕读、松鹤延年等。

在中轴线的最北端是祭祀后稷母亲的姜嫄殿，面阔三间，单檐悬山顶。姜嫄殿前有歇山式四柱亭一间。亭南为泮池，泮池两侧各有石栏板 12 块，24 块石栏板上雕刻着二十四节气农事活动场景，分别配有两句农谚。这些石雕虽然是近几十年的作品，但艺术价值较高。如“惊蛰”的画面就很有特色，画面上是几种耕地的农具和牛身上的套具，没有出现人和耕牛，农谚为:“惊蛰来临蛇鼠行，切记耕地要保墒”；“夏至”的画面是打麦场上的场景，一位农夫赶着拉碌碡的黄牛正碾麦子，左上方有扇车和装粮食的桶、斗等器具，其农谚为：“夏至到来遍地黄，碌碡扇车上麦场。”这些石雕作品线条流畅，立体感极强，生动传神，具有版画效果。

后稷楼屋脊宝顶有小型琉璃塔三座，献殿、钟楼、鼓楼及姜嫄殿屋顶也都有琉璃塔，色彩缤纷，富丽堂皇。这些精美的琉璃制品，在阳光的照射下绚丽夺目。

稷王庙的铁艺也是一大亮点。后稷楼的琉璃塔顶有精美的铁艺九凤朝阳，凌空欲飞。献殿屋脊有二龙戏珠铁艺，钟、鼓楼上有五福祝寿铁艺。这些铁艺经过近 180 年的风吹、日晒、雨淋，不生锈、不变形、不褪色，显示了清代稷山一带工匠的高超工艺水平。

精美的木雕、石雕、琉璃、铁艺四种艺术在稷王庙荟萃一堂，成为稷王庙建筑的四绝，令人赞叹。稷王庙的每一处木雕、石雕建筑构件，都能体现出农耕文明的元素，这是一座内涵丰富、艺术精湛、“农味”十足的国保建筑，值得人文旅游爱好者细细地品味、感悟。岁月悠悠，无论社会如何发展，“民以食为天”是永不改变的理念，谷神后稷将永远被人们纪念。

后稷楼前廊浮雕盘龙石柱（左侧水龙、右侧火龙）

马村宋金墓

800 年前的砖雕艺术

宋金墓位于稷山县城西 4 千米马村西南隅，东与闻名全国的青龙寺相距 300 米，原为马村段氏祖茔地。为第五批全国重点文物保护单位。

8号墓室

进入8号墓室，迎面看到的是墓室北壁，为三间四柱厅堂式建筑，当心间相当于门楼，当心间和东、西次间的额枋上都有仿木砖雕，上边有层层叠叠的仿木铺作。墓主夫妇坐在门楼上，左右各有一个丫鬟，后面的大门虚掩着。仔细观察，可以看出墓主夫妇的座椅不同，男主人的椅背稍高，细微之处显示出男主人的尊贵地位。男主人留着胡子，上衣的领子为红色。东、西次间的墙壁上雕刻着满墙的花卉。在西次间坐着一位妇人，这是墓主的侧室。墓室的东壁是三间四柱式的厅堂建筑，6扇雕刻华丽的格子门并立，在视觉上给人以空间开阔的效果。墓室南壁中间的位置是戏台，戏台下面是墓室的通道，就像晋南地区常见的过路戏台一样。在南壁的西次间站着一组杂剧演员。居中的是副净，双手向右打恭，头向左斜侧，动作滑稽。他的化妆也很别致，双眼和嘴部都画红圈，这是很少见的。右起第二人是官员装束，戴官帽，穿圆领宽袖长袍，腰束带，拱手于胸前，是末泥。右起第一人梳发髻，穿窄袖衫，为旦角。左起第一人戴吏帽，穿圆领窄袖衫，形象似为仆吏，是副末角色。左起第二人是装孤角色（扮演官员）。

左　8号墓室东壁的格子门
右上　8号墓室南壁
右下　8号墓室南壁的杂剧表演场景

1号墓室

接下来是1号墓室。墓室的北壁也是三间四柱式的厅堂建筑，当心间的位置是两扇红颜色的大门，一位妇人从门后探出半个身子瞭望，是典型的“妇人半掩门”图。东、西次间的墙上是人物雕刻，西侧雕刻的是“赵孝舍己救弟”，东侧雕刻的是“蔡顺拾葚奉亲”。1号墓室北壁的房檐铺作不像8号墓室那样繁复，较为简洁。墓室南壁的当心间为戏台，戏台上的杂剧砖雕在发掘时已被损坏，浮雕的伴奏乐队仍然保存完好。乐队皆戴幞头、簪花。左上角乐手的乐器为大鼓，右上角为拍板（被舞台柱子挡住），中间的第二个人横吹笛子，第三个人竖吹觱篥（bìlì，一种管乐器，形似管子，以芦苇做嘴，以竹做管）。下边左右两侧各有一人打腰鼓。可以看出，后边4人是坐在乐床上进行演奏的。南壁西次间的砖雕是儿童骑竹马游戏的场景，前面的儿童光着屁股，戴着项圈、手镯，后边的儿童骑在竹马上，左手抓着缰绳，右手拿着一根赶马的小棍，形象十分逼真可爱。在四壁的须弥座上，雕刻着奔跑的小鹿，姿态各异，形成奔鹿组图，颇有特色。

1号墓室北壁，“妇人半掩门”图

左上　1号墓室南壁舞台上的乐队
左下　1号墓室南壁西次间雕刻·儿童骑竹马游戏场景
右　　1号墓室须弥座·奔鹿组图

2 号墓室

参观完 1 号墓室，接下来进入 2 号墓室。墓室的墓门别具特色，门口两侧各有一个砖雕人物，可能是门卫。墓室北壁的当心间是宋金时期黄河流域中小型墓葬内常见的“开芳宴”场景，主要是用来表现墓主人夫妇的和睦与恩爱。在墓主夫妇的中间有一个茶几，上面放着茶壶、茶碗和四盘点心。他们一边品尝着茶点，一边欣赏着对面戏台上的杂剧表演，悠然自得。墓室南壁有一组戏剧砖雕，共 4 人，其中第二人、第四人是官员打扮：戴官帽，穿圆领宽袖长袍，腰间束带。第四人是末泥角色（男主角），坐在椅子上，左手执笏板，右手指着右边。第二人是装孤角色（扮演官员），双手都向右指，面部朝左，好像正与坐着的官员说话。站在两个官员中间的那个人是副末角色，戴吏帽，穿圆领窄袖衫，右手执一大板，目视坐着的官员，左手亦指向右边。此 3 人所指的左起第一人为副净角色（后来演变为丑角），手执竹竿，竿头系绳，绳上吊着一个椭圆形物品。这 4 个演员有坐有站，有前有后，有呼有应，主次分明，构成了一个完整的戏剧场面。用砖雕的形式把这样生动的演出场面呈现出来，在国内还是首次发现。

上　2号墓室北壁

下　2号墓室南壁杂剧砖雕

5 号墓室

5 号墓室的墓门门顶雕刻很讲究，一个人从半开的门中探出大半个身子，手中拿着一坛酒。墓室的北壁也是三间四柱式厅堂建筑，当心间有额枋雕刻，东、西次间没有。当心间的大门紧闭，不像其他墓室有人物活动的场景。东、西次间的墙壁上雕刻着一对狮子。墓室南壁的当心间雕刻着杂剧演员和乐队表演的场景。下边一排是杂剧表演，左手边第一人做官员装束，戴官帽，穿圆领宽袖长袍，腰间束带，是末泥。第二人戴吏帽，穿圆领窄袖衫，手执棍子，形象似为仆吏，是副末角色。第三人的右手抬起，指向第二人，是装孤角色。第四人动作滑稽，是副净角色。上边一排是正在演奏的乐队，伴奏乐队坐在乐床上，由于没有处理好透视关系，乐队和杂剧表演处于同一平面，造成了乐队坐在杂剧演员头上的效果。坐在乐床上的 4 位乐手服饰相同，除左边第一人袖手而坐外，其余 3 人，1 人执拍板，1 人吹笛，1 人吹觱篥。看着这些砖雕，耳畔仿佛响起悠扬的戏剧唱腔和乐队的伴奏声。南壁上部的砖雕斗拱出现了昂形令拱，这是晋南地区特有的斗拱形制，新绛县白台寺释迦殿补间铺作的昂形令拱可以和这里的砖雕昂形令拱相印证。

稷山县马村宋金墓葬砖雕的出土，再现了 800 多年前晋南地区民众的部分生活场景，呈现了当时社会的繁华，也说明了宋金之际晋南地区的砖雕艺术已经比较成熟，在造型能力、雕刻技艺等方面达到了较高的水平。墓室内出现的仿木砖雕建筑，是当地民居建筑的再现。特别是在几座墓室内都出现了戏剧砖雕，说明当时晋南地区的戏剧活动已经十分普遍，墓主不但生前喜欢看戏，去世之后也要以戏剧相伴。晋南地区拥有这样的戏剧爱好者，怪不得会成为中国戏剧的摇篮。

上　5号墓室南壁
下　5号墓门顶雕刻

青龙寺壁画

技艺超高的元代艺术

青龙寺位于稷山县城之西4千米的马村内。寺院坐北向南，创建于唐代，元、明、清历代曾多次重修，现存建筑主体系元、明遗存。沿中轴线的建筑依次为山门（天王殿）、立佛殿、大雄宝殿。立佛殿和大雄宝殿都是单檐悬山式，均为元代建筑，立佛殿重建于至元二十六年（1289），大雄宝殿重建于至正十一年（1351）。

青龙寺的元代壁画艺术价值极高。立佛殿四壁为水陆画，是青龙寺壁画的精华所在，其绘制时间可能在芮城县永乐宫壁画之前。永乐宫壁画与青龙寺立佛殿的壁画风格相近，永乐宫壁画受青龙寺壁画影响的可能性很大。

立佛殿壁画

立佛殿内的壁画面积近 130 平方米，共有人物 300 多个。北壁上部为十八罗汉，下部为十殿阎君、六道轮回等。东壁的壁画已经十分模糊。南壁有贤妇烈女等。西壁壁画上的人物众多，但画面布局合理，人物形象从上到下分布在 4 个层面，三五人或七八人一组，既独立成幅，又互相关联，并没有杂乱之感。第一层是释迦牟尼佛等 3 尊佛像，第二层是弥勒菩萨、地藏菩萨等 4 尊菩萨像，第三层是北斗七星、南斗六星、天龙八部、元君圣母等 11 组神像，第四层是四海龙王、护法善神等 12 组神像。从画面上的人物造型、衣服褶皱，可以看出画家的技艺很高，画面上长长的线条都是一笔到底，笔力遒劲，线条流畅。壁画上的人物造型优美，色彩协调，形象逼真，栩栩如生。画师在构图上也匠心独运，如在四海龙王这一组神像左下角，画了一个手持类似笏板的人，应该是正在给龙王报告人间的旱情。

左　立佛殿南壁东侧·后妃宫女和文武大臣（刘国华 摄影）
右　立佛殿南壁西侧·贤妇烈女（刘国华 摄影）

立佛殿西壁·南斗六星和元君圣母（刘国华 摄影）

立佛殿西壁左侧神像（刘国华 摄影）

立佛殿西壁右侧神像（刘国华 摄影）

大雄宝殿壁画

大雄宝殿的壁画主要位于殿内的东壁和西壁。

东壁为《佛说法图》，释迦牟尼面容慈祥，端坐中央，文殊、普贤二菩萨分居左右，阿难、迦叶二弟子在前边站立，左右排列护法金刚，后边有听法的部众。文殊菩萨、普贤菩萨都戴着精美的花冠，身上的法衣薄如蝉翼，飘然下垂，颇具美感。两位菩萨身上的璎珞和衣服上的纹饰繁丽、精美绝伦。迦叶的面容清瘦，具有明显的胡人特征，面部、胸前、手臂的骨骼都表现得十分明显，整个人物形象富有沧桑感。一名手持箭矢的护法金刚也刻画得十分细腻，头盔和身上的铠甲都做了细致的描绘，细细的眉毛、胡须都被很细腻地描绘出来。画面上琼楼玉阁，气势宏大，蔚为壮观。

大雄宝殿东壁壁画（刘国华 摄影）

大雄宝殿南拱眼壁 ·《唐僧取经图》（伊宝 摄影）

在大雄宝殿南拱眼壁，有一幅《唐僧取经图》，壁画尺寸长 0.85 米、高 0.6 米。画面上有唐僧、一弟子、孙悟空和白马，但没有猪八戒、沙僧，说明在元代的唐僧取经故事中，还未出现猪八戒和沙僧这两个角色。走在前面的是玄奘大师，身材魁梧，五官清秀，双手合十，身穿袖口宽大的长袍，外披赭石色袈裟。唐僧身后跟一僧人，身材略显清瘦，双手合十，亦穿宽袖长袍，斜披黄色袈裟，腰间系黑带。走在最后的牵马人相貌似猴子，他应该是后来孙行者的原型，右手牵马，左手放于胸前，头部戴一紧箍，身穿蓝色圆领窄袖上衣、白色裤子，腰中系布巾，裤子的小腿处收紧，类似绑腿。白马身上有不少装饰物，脖子上系着铃铛，莲花形的鞍鞯下方有细致的装饰物，马背上的经书光芒四射，色彩丰富。白马的右后腿高抬，很有动感。《唐僧取经图》最早见于敦煌西夏洞榆林窟壁画，但没有独立成幅，青龙寺这幅图是中国古代壁画中首次独立成幅的《唐僧取经图》，艺术价值、史料价值极高。画面中孙行者的装束与敦煌壁画中孙行者的装束相比已经发生变化，头部的紧箍明显，这是明代之前关于孙行者形象的重要绘画作品。这幅作品绘制于元代末年，比明代中期成书的《西游记》早将近百年，因此青龙寺《唐僧取经图》对《西游记》的研究也有着重要价值。

大雄宝殿西壁为《弥勒说法图》，正中为弥勒佛，左右为观音菩萨和地藏菩萨。弥勒佛的下部，画有善财和龙女。在弥勒佛的左上方和右上方，

大雄宝殿南壁·吉祥天女（刘国华 摄影）

画有人首鸟翅的伽楼罗护侍，手捧果盘，乘云飞翔，长长的尾翎飘逸，极富动感。在三尊主佛西侧，画有《梵摩越（弥勒佛的母亲）剃度图》，被剃度的女子服饰华丽，长发披肩，双手合十。大雄宝殿的南壁有一幅《吉祥天女》，天女面容娇美，眼睛传神，虽然历经六七百年，脸上的腮红犹存，被誉为青龙寺中最漂亮的人物。

大雄宝殿东壁和西壁所画的人物不多，给绘画者提供了更大的创作空间，画面上许多五六尺长的线条都是一气呵成，画家对线条的把控能力，完全可以和永乐宫壁画的绘制者相媲美。

著名壁画研究专家潘絜兹先生对青龙寺壁画评价很高："中国保存有壁画的地方很多，其突出的有河北毗卢寺、山西芮城永乐宫、新绛稷益庙和稷山青龙寺等，这些壁画都很精湛，其中青龙寺壁画又略胜一筹。"

《龙门全景图》石雕影壁

在青龙寺东院，有一块名为《龙门全景图》的石雕影壁值得一看。影壁为青石质，高 4 米、宽 2.3 米。《龙门全景图》画面高 3.25 米、宽 1.7 米，采用鸟瞰方式,形象地呈现了龙门一带的黄河景观。影壁正面以龙门山水为景，两岸的楼台依山而立，错落有致。一道瀑布飞流而下，群峰笼罩于云雾之间，黄河上大浪汹涌，依稀可见点点舟帆。影壁背面浮雕《鲤鱼跃龙门》。一鲤鱼将头伸出水面，口中之水喷向天空，飞龙在天。飞龙的造型颇为生动，翻腾的龙身、有力的龙爪，展示出威猛的气势。画面立意新颖，雕刻精湛。影壁上的石雕除采用浮雕技法外，还采用了圆雕、透雕等手法，使画面上的山水树木、楼台庙宇、人物动物都表现得活灵活现，是件难得的石雕艺术精品。

左　青龙寺东院浮雕《龙门全景图》
右　青龙寺东院浮雕《鲤鱼跃龙门》

XINJIANG XIAN

新绛县

新绛县境内的行走路线：

从阳王镇稷益庙向东北 20 千米至新绛县城，绛守居园池、龙兴寺、绛州大堂都在县城。

从县城向北 20 千米可至光村福胜寺。

稷益庙壁画

题材独特的农业百事图

稷益庙位于新绛县阳王镇，现存正殿、戏台，均为明代建筑。据明嘉靖二年（1523）《重修东岳稷益庙碑》载："阳王之墟者，东岳稷益庙也。罔知肇自何代，元至元重修。正殿旧三楹，国朝弘治年间恢复为五楹，增左右翌室各四楹。正德间复增先门三楹，献庭五楹，舞庭五楹。缭以周垣，架以长廊，隐以佳木，百工殚巧，金碧辉煌。"

稷益庙建筑特色

稷益庙正殿为五开间悬山顶建筑，当心间阔大，约为两次间面阔的两倍。殿内梁架为六椽栿通檐用三柱，在两次间与梢间的两缝梁架使用了八字斜梁，由前、后乳栿斜搭于上平槫之下的内额上支撑劄牵，内额上置蜀柱、叉手（比较少见），节省了两根四椽栿和六椽栿。大殿运用了减柱法，只保留了后排的两根金柱，使祭祀区域显得十分开阔，也为人们观赏东、西两壁的壁画提供了便利。殿内的四椽栿、六椽栿使用弯材，说明大殿是在元代基础上重修。

上　正殿内景，前排的两根金柱减去

下　正殿梁架

农业百事图壁画

正殿内东、南、西三壁面满布壁画，面积130平方米，保存基本完好。东、西两壁壁画以台阶式布局，宽8.23米，最高处达6.18米，是国内现存明代壁画中的巨幅佳作。整个壁画共绘有人、神400余位，其创作者为翼城县画士常儒及其两个儿子常耕、常耜，门徒张捆，绛州画师陈圆和侄子陈文、门徒刘崇德。壁画完成于明正德二年（1507）九月十五日。虽然是明代壁画，但在线描方面继承了晋南地区元代壁画风格，线条的粗细多变化，笔力雄健、爽畅自然。

东壁壁画以三圣为中心，整个画面布局左右对称。三圣为黄帝、伏羲、神农。《三圣图》左右两侧为《仕女图》，画中左侧的红色房柱上雕刻着金色的祥龙，石栏板上的石雕作品清晰可见。中部左边绘有《狩猎图》，画面上有7位狩猎者，有的拿着猎物，有的手持猎刀，有的肩扛狩猎工具，背景是秀丽的山林。右边与《狩猎图》对应的是山林中的6位农夫，人物与树木布局自然协调。

正殿东壁三圣右上侧仕女群像

左下部的《捕蝗图》描绘的是行进在朝圣队伍中的几位农夫，牢牢捆缚着一只蝗虫作为朝圣祭品。一位身着白色衣服的农夫手中抓着捆绑蝗虫的绳子；旁边一位穿蓝色衣服的人端着盘子，盘中放着鸟；后边一位戴帽子的农夫手里提着笼子。各有特色的面部表情与肢体动作，把农夫对害虫的痛恨之情表现得淋漓尽致。而对蝗虫精的艺术夸张，使得蝗虫的形状狰狞可怖。《捕蝗图》显示了明代晋南民间画师非凡的想象力与高超的造型能力。右下部与《捕蝗图》对应的是一组正在过桥的人物群像。东壁两侧绘有后稷降生的传说故事，有“牛羊躲避”“禽鸟饲养”“樵夫发现”“母亲抱回”“邻人探望”等画面。在东壁的中下部画着一位奔跑的通报人，手持令旗，腰挎宝剑，身背箭盒。帽子上的带子随风飘起，身上的衣服都向后飘动，我们仿佛可以听到他急促的呼吸声。

左上　正殿东壁三圣左上侧仕女群像
左下　正殿东壁中部左侧《狩猎图》
右　　正殿东壁中部右侧《农夫图》

正殿东壁左下部《捕蝗图》

西壁壁画也以三圣为中心进行布局，西壁三圣为大禹、后稷、伯益。大禹头戴高冠，身着蓝袍，端坐中央。后稷坐于左首，手执谷穗，伯益坐于右首。台下一文官手执笏板面朝后稷，做禀报状。四周有文武百官、武士、仕女环立，分持笏板、斧钺、果盘等。右边楼阁中，几位侍女行走在长廊中，或抱琵琶，或捧果盘、食盒。天空中有几组红衣仙人乘祥云下望，几位官吏模样的人举首朝拜。左边为《祭祀图》，祭祀的贡品有猪、牛、羊，桌上摆着三个牌位，中间为“昊天玉皇上帝位”，左为始祖后稷神位，右侧当为伯益神位。祭祀者为皇帝和文武群臣，分列两旁的乐队手持器乐鸣奏。

《祭祀图》上部为《稼穑图》，画面中上部，一位正在耕地的农夫转过身来聆听后稷的指导。田间路上，一妇女肩挑饭篮、水罐为家人送饭，小心地过桥，一童子手捧水碗、食物走在妈妈的前面。田间，一农夫头戴斗笠，正在锄地，一老夫似乎听见小孩的喊声，回头张望前来送饭的母子。右上角的麦田中，两个农夫正在割麦，前边一年长者一手握镰，一手抓麦，回头和另一人说话。打麦场上，有人堆麦垛，有人打场，一头牛拉着碌碡正在碾摊在麦场上的麦子，一人手执鞭子赶牛，一人正拿着扫帚扫场，还有一人肩扛木杈正准备翻场，一小孩手拿簸箕在牛后拾粪。地上还放着木锨和耙子，都

西壁左侧《祭祀图》

是打场需要的农具。碾好的麦子堆积如山，麦堆上插一面小旗，两人正在装袋。装好的粮食有的已放在驴背上准备驮走。壁画中的场景，正是晋南农村麦收时节的实景再现。《稼穑图》的画面上共计有大小人物 28 位，在打麦场上的人物有 14 位。

《稼穑图》的右上方为**《烧荒图》**：山上正放火烧荒、打猎，山下有一官吏向伯益报告开荒和狩猎的情况。受到惊吓的野兽正跃下山崖过河，已过河的两只麋鹿正回头张望。远处的山涧里，几只猴子正在玩耍。对面山林中，一对猛虎正在相斗，一猛士正拉弓射箭，几个武士手执刀剑在一旁做好准备。《烧荒图》画了 21 位人物和老虎、狼、狐狸、鹿、羊、蛇等 30 多只动物。

稷益庙壁画不像通常在寺庙中所见的宗教壁画，而是歌颂大禹、后稷、伯益为民造福的事迹，再现了我国古代劳动人民征服大自然的艰苦历程，可以说是画在墙壁上的一幅农业百事图。壁画内容丰富、场景宏大、布局严谨、色彩绚丽、画艺精湛，是研究我国古代农业历史的重要文物，具有很高的历史文化价值和艺术价值。就壁画的表现题材、绘画技艺而言，稷益庙壁画完全可以与永乐宫壁画相媲美。

虎豹門

绛守居园池

国内现存最早的官府园林

绛守居园池又被称为“隋代花园”“居园池”。位于新绛县城西高地，始建于隋开皇十六年（596），是我国现存唯一的隋代官府园林，也是我国现存最早的古代园林。

新绛地区在古代常有旱灾，县城附近的井水颇咸，既不能饮用，又不可灌溉。县令梁轨组织百姓开凿了 12 道灌渠，从城北 15 千米的鼓堆泉引来泉水，大部分浇灌沿途田地，小部分流入城中，解决了百姓灌溉田园和饮水的问题。大业元年（605），隋炀帝的弟弟汉王杨谅造反，薛雅和裴文安在城中居高垣“发土筑台”以拒隋军，掘土形成的大坑后因积水而变成了大水池。后来人们把这个大水池利用起来，在池中建洄莲亭，周围种植竹木花柳，逐渐形成了分布着台、亭、沼、池的园林。

声名远播的绛守居园池

绛守居园池之闻名，与唐代绛州刺史樊宗师的一篇奇文有很大关系。唐穆宗长庆三年（823），樊宗师写了一篇《绛守居园池记》，文中叙述了这处园林的缘起和园中的景观。樊宗师写文章很古怪，他不愿因袭前人，每句话都要独造，所以他的文章十分艰涩，号称“涩体”。樊宗师的这篇《绛守居园池记》总共 700 多字，吸引了后代许多有好奇心的人为之断句、注解。宋代诗人梅尧臣有诗云：“黑石镌辞涩如棘，今昔往来人不识。”欧阳

唐代“绛守居园池”复原示意图（引自赵慎《“绛守居园池”的考据方法与研究历程》）

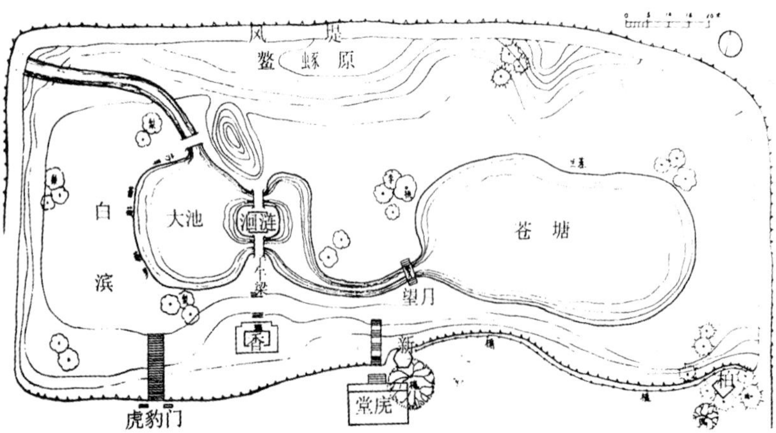

修诗云："穷荒搜幽入有无，一语诘曲百盘纡。"元代吴师道曾校勘此文20年，最后也未定稿。这篇以艰涩著名的奇文，无形中也增加了绛守居园池的知名度。

绛守居园池之闻名，还与宋代庆历年间几位著名的文人在园中的游玩经历有关。北宋名相富弼曾任绛州通判，颇有政声，他在绛守居园池修建了嵩巫亭，并留有诗作。庆历三年（1043），宋仁宗采纳范仲淹、富弼、欧阳修等人的改革建议，施行新政。由于新政触犯了贵族官僚的利益，因而遭到他们的阻挠。庆历四年（1044），新政施行刚一年，即告夭折。次年，范仲淹、富弼、欧阳修等人被诬为朋党，遭到排挤和外放。范仲淹任陕西、河东宣抚使，欧阳修以五品谏官身份奉使河东，富弼降职绛州通判。三人于是相聚于绛守居园池，一起游园观景，饮酒作诗，留下传世名篇。因为欧阳修的岳父籍贯绛州，他曾多次到绛州逗留，对绛州更为熟悉，写下两首关于园池的诗作：《绛守居园池》《登绛州富公嵩巫亭示同行者》。因为范仲淹、欧阳修等人的深远影响，绛守居园池从宋代庆历年间开始，在园林美景和樊宗师的奇文之外，又增添了浓浓的诗韵。后世有不少文人慕名而来，到绛守居园池游览。

绛守居园池在现代之闻名，还因为从20世纪60年代以来，王冶秋先生首先发表了《拨开"涩"雾看园池》，又有汪菊渊、阮仪三、陈尔鹤、赵慎等研究者对绛守居园池进行考察、研究、呼吁，使得这座湮没已久的千年名园恢复了往日的盛名，引起国内外园林研究者的注意。

从"自然之趣"到"人文写意"

根据樊宗师《绛守居园池记》的记载，隋唐时期的绛守居园池以水为主，水面约占全园的1/4，是北方典型的"自然山水园林"。水从西北注入园池，形成三丈有余的悬瀑。水池中有子午桥贯通南北，桥中有亭曰洄莲亭。池边有芳草、蔷薇、翠蔓、红刺相映。池南是一组回廊，与太守寝室相通。池西南有虎豹门，左边的墙壁画有一幅猛虎与野猪搏斗图，右边的墙壁是一幅胡人驯豹图。池东南建有新亭和槐亭。泱泱的水流从望月亭下流过。池的正东是苍塘，西望水面，池水波光粼粼。正北是横贯东西的风堤，临池而观，池边的亭榭栏杆楹柱倒映水中，如烛光摇曳，如蛟龙相绕，色彩斑斓。苍塘西北有高地，登高四望，眼前高原巍巍，耳边水声滔滔。池之西是一片茂密的梨树林，这里叫白滨，每逢梨花盛开，如素衣女郎翩翩起舞。俯瞰园中，大小亭台点缀其间，城墙在高地绵延，好像山峰迤逦不断。可见，唐代绛守居园池的布局以水为主，原、堤、渠、塘等景观为骨架，花、草、树、木为主题，亭、台、楼、榭为点缀，构成以自然风光为主的特有风貌。

上　宋代“绛守居园池”复原示意图（引自赵慎《“绛守居园池”的考据方法与研究历程》）
下　清代“绛守居园池”复原示意图（引自赵慎《“绛守居园池”的考据方法与研究历程》）

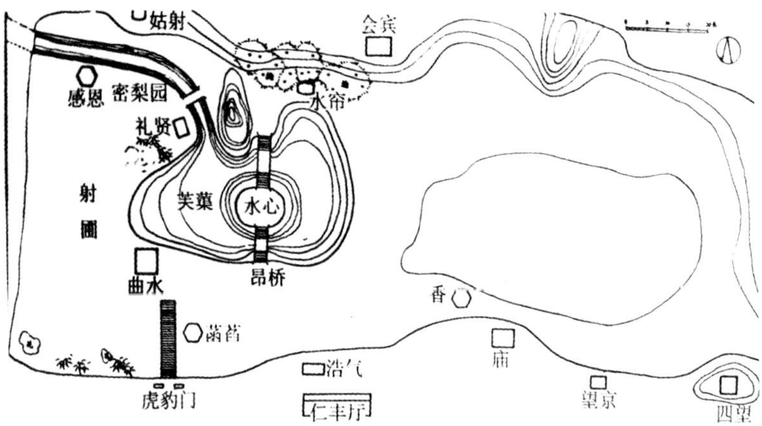

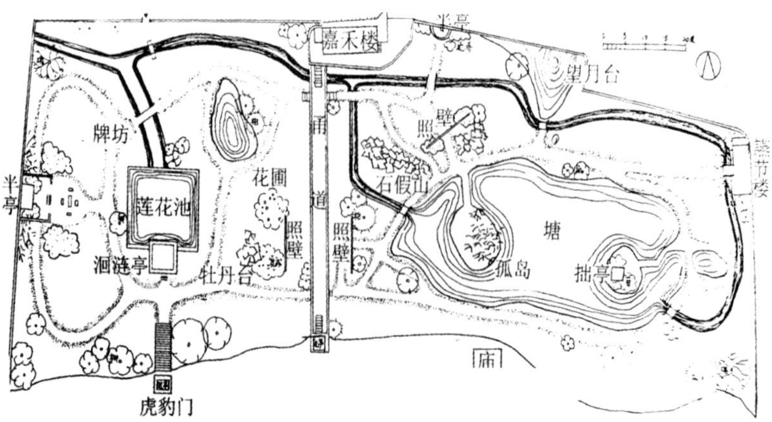

宋代的绛守居园池在唐代的基础上已有较大的改变，从咸平六年（1003）绛州通判孙冲所作的《重刊绛守居园池记序》中可以看出大致的轮廓。宋时园池水面已大为缩减，苍塘和池西的白滨已不存在，风亭也不知所踪。不过，园中的建筑物又增加了很多，如礼贤亭、感恩亭、浩气亭等，皆为宋代新增，园中的亭、轩建筑物增至12处。池之中曰水心，水池上有桥，池中的芙蓉、水中的游鱼、临水的山石、园中的花木构成雅致的景观。范仲淹在《居园池》诗中写道："池鱼或跃金，水帘长布雨。怪柏锁蛟虬，丑石斗豹虎。群花相倚笑，垂杨自由舞。"这时的绛守居园池已从唐代的"自然山水园林"转向"建筑山水园林"。

明正德年间，园中重修了洄莲亭，正德十五年（1520）新建了嘉禾楼。清光绪二十五年（1899），"缭以周垣，重加建筑，亭榭渠塘，一如旧制"。这时恢复的"旧制"，实际上是明代的旧制。晚清以后，人们根据植物花卉的不同特点，将园林划分成春、夏、秋、冬四个景区，形成写意的山水意境。经明清时期的构建，宋代的"建筑山水园林"又增添了"写意山水园林"的韵味。

洄莲亭

绛守居园池走过漫漫1400年，历经隋、唐、宋、元、明、清各代添建维修，已成为研究我国园林史的重要场所。从隋唐时期的“自然山水园林”，到宋元时期的“建筑山水园林”，再到明清时期的“写意山水园林”，传承有序，展现了各个时代的造园艺术特色，形成我国北方园林的独特面貌。有奇文、名诗相伴的绛守居园池，是我国园林艺术发展的活化石，是一座文化名园，是镶嵌在河东大地上的一颗珍宝，值得我们倍加珍惜。

香港著名的南莲园池，就是以绛守居园池为蓝本，以唐代樊宗师的《绛守居园池记》及近年来专家的研究为依据，建造的一座仿唐园林。像唐代的绛守居园池一样，南莲园池的布局也是以水为主体，堤谷景观为骨架，花木植物为主题，辅以供游人休憩的亭台等建筑物，构成以自然风光为主的园林风貌。由此可见，地处河东的千年名园绛守居园池在中国园林艺术史上具有巨大的影响力。

左　孤岛亭
右　香港南莲园池俯瞰图

行业
址：塔寺内
信得过单位
展历史文化名城风
龙兴寺宝塔摄影部
快速照相三分钟可取
碑存碧落名重古今

龙兴寺

唐宋名刹

龙兴寺位于新绛县城北端的高崖之上，始建于唐，原名碧落观，唐高宗时改称龙兴寺。宋代，因宋太祖赵匡胤曾寓居于此，改称龙兴宫。后为僧人所居，又恢复龙兴寺之名。巍峨的龙兴寺佛塔至今仍是新绛城的标志性建筑。

龙兴寺内现存的**大雄宝殿**为元代重修，殿内有宋金时期的彩塑。彩塑有毗卢佛、释迦牟尼佛、卢舍那佛及侍立观音菩萨、地藏菩萨、文殊菩萨、普贤菩萨等像。主佛高达 4.5 米，艺术价值颇高。

龙兴塔在大雄宝殿之后，为唐代建筑，原高 8 级，清乾隆四十九年（1784）因坍塌重修，增至 13 级，高 43.7 米。塔平面呈八角形，为楼阁式砖塔。塔身体态秀丽，高耸入云。塔的每层都悬挂铃铛，微风吹拂，铃声叮当，有"八方协律"之称。塔侧有碑文记载，塔顶屡冒青烟，1937 年、1971 年、1976 年、1993 年都有冒烟的记载，为绛州古城一大奇观，亦为未解之谜。

寺内有一**碑亭**，亭内存放着享誉全国的书法艺术名碑《碧落碑》。碑高 2.26 米、宽 1.03 米、厚 0.21 米，系垂拱三年（687）唐高祖李渊第十一子韩王元嘉的 4 个儿子为其亡母房氏祈福而立。碑文为篆体，共 21 行，每行 32 字。碑文的篆字与常见的篆字不同，是书写之人在前代诸家古体书法的基础上，融会贯通，创造出的一种姿态优美、独具风格的新篆体，舒畅秀逸。此碑文也是历代金石家、书法家推崇的珍品。如果没有相当的古文和书法功底，实在难以辨识和通读《碧落碑》全文。"自宋以来，篆书家奉此为金科玉律，莫敢轻易一字。"在立碑近 200 年后，咸通十一年（870），有个名叫郑承规的人用楷书将碑文释出，刻于另外一石，以便后世识读和临摹。

左 《碧落碑》局部
右 大雄宝殿彩塑佛像（刘国华 摄影）

绛州大堂

古代州衙大堂的翘楚

今天的新绛县城是民国以前的绛州州城，从隋代以来，绛州的州治就一直设在这里。绛州地处汾、浍之交，乃古代之名城，一方之重地。作为一个区域性的政治、经济、文化中心，绛州古城历经1400多年，其厚重的历史文化早就闻名遐迩。清代后期，绛州的工商业兴盛，商贾云集，有“南绛北代”之誉，南绛就是指绛州。绛州大堂作为历代绛州政府的办公地，始建于唐，元代重修。

绛州大堂，原为绛州州守衙内的正堂，面阔七间，进深八椽，单檐悬山顶。东西长 29.20 米、南北宽 15.40 米，占地面积 311.28 平方米。大堂始建于唐，元代重修。大堂的建筑风格粗犷豪放、造型淳朴，前、后檐柱十分粗大，难以合抱。前檐柱头铺作为五铺作双昂；补间铺作同一朵铺作上同时出现真、假昂，下面的假昂仅起装饰作用，昂下皆设有华头子。檐下的阑额与普拍枋之间增加了粗大的内额，这是晋南地区元代建筑的特征之一。为了使大堂空间开敞，采用了减柱造、移柱造，仅保留了后槽的 4 根金柱，并且位置也发生了变化。绛州大堂共减少了 14 根内柱（应有内柱 18 根），是减柱比例最大的元代建筑，现在殿内的部分柱子为后来所加。大堂高大宽阔，六椽栿、四椽栿、平梁三架重叠，巍峨壮观。

在古代，州衙大堂规制一般为面阔五间，而绛州大堂面阔七间，颇为罕见。全国现保留有 3 处古代的州衙大堂，绛州大堂是其中的佼佼者。据说唐太宗李世民东征高丽，命大将军张士贵在绛州设帐募兵，薛仁贵就是在这里从军。现大堂内有 4 块大型石质莲花柱础，就是唐代的建筑遗存。

大堂补间铺作同一朵铺作同时出现真、假昂

大堂北面的墙上嵌着一通刻于北宋建中靖国元年（1101）的石碑《文臣七条》。《文臣七条》颁布于北宋真宗大中祥符二年（1009），是朝廷对当时文官提出的七项为官准则：“一曰清心。谓平心待物，不为喜怒爱憎之所迁，则庶事自正。二曰奉公。谓公直洁己，则民自畏服。三曰修德。谓以德化人，不必专尚威猛。四曰责实。谓专求实效，勿竞虚誉。五曰明察。谓勤察民情，勿使赋役不均，刑罚不中。六曰劝课。谓劝谕下民勤于孝悌之行，农桑之务。七曰革弊。谓求民疾苦，而厘革之。”《文臣七条》的关键词只有14个字：清心、奉公、修德、责实、明察、劝课、革弊。各条后面的简要说明也只有80个字，言简意赅，涉及德、勤、实、廉、能多个方面。在《文臣七条》颁行100年之后，时任绛州知州将其刻立于绛州大堂之上，以警示自己和后继者。这通刻立于900多年前的为官准则石刻一直存于大堂之上，使这座千年古建的历史文化更加厚重。

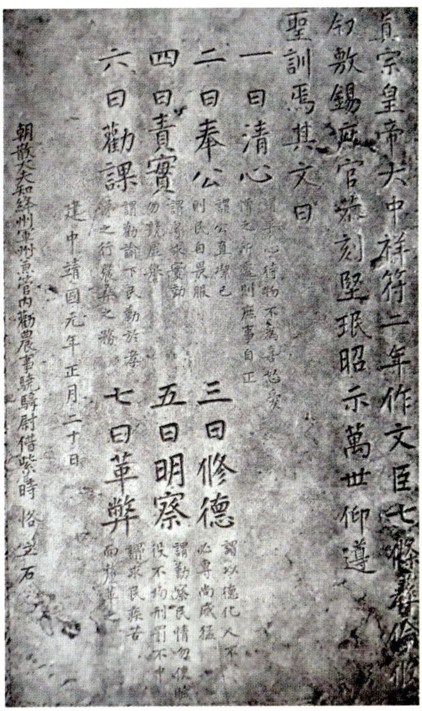

左　大堂北面墙上的《文臣七条》石刻

右　大堂只保留了后槽的4根柱子，当心间的两根柱子外移

福海寿山净慧根

福胜寺

精美绝伦的塑像艺术

千年古寺福胜寺坐落于全国历史文化名村光村，也是一处值得参观的古迹。该寺坐北向南，为四进院落。现存主要建筑为元代遗构。中轴线自南向北依次有山门、天王殿、弥陀殿（正殿）、后大殿，两侧有十殿阎君殿，三霄娘娘殿，东西配房、厢房及廉颇、蔺相如配殿等建筑。

弥陀殿为重檐歇山顶，面阔、进深各五间，檐下铺作为五铺作双下昂。殿四周有围廊。弥陀殿初建于唐代，现存为元代遗构，明弘治年间重修。

殿内塑有阿弥陀佛及胁侍观音菩萨、大势至菩萨，有唐宋遗韵。在阿弥陀佛宝座的背后，悬塑有南海观音、善财童子，是具有宋代风格的彩塑精品。殿内两侧有明代补塑的十六罗汉及四大天王。十六罗汉都如真人般大小，神态各异，或目视前方，或盘膝而坐，或相向交谈，或面带微笑，个个栩栩如生、惟妙惟肖。

弥陀殿的阿弥陀佛像高 4 米，正中高坐，面相圆润，双目下视，双耳垂肩，左手置于腿上，右手半举，掌心侧向上，做说法状。左侧的观音菩萨，圆脸细眉、口小鼻直，身披长巾，前胸裸露，左手掌心朝上举于腹前，右臂弯曲上举于胸前，身体微向前倾，姿态婀娜。右侧的大势至菩萨，左手掌心朝上平举于胸前，右手稍弯，身体微倾，神情庄严。整组塑像造型优美、比例协调、色彩富丽，有雍容华贵之气。

左　重檐歇山顶的弥陀殿
右上　弥陀殿内的阿弥佛及胁侍观音菩萨、大势至菩萨塑像
右下　弥陀殿西侧罗汉塑像（部分）

左 观音菩萨悬塑
右 善财童子悬塑

阿弥陀佛宝座背后的悬塑渡海观音，被誉为“中国最美观音塑像”。该塑像高达6.1米，采用高浮雕手法，比例适度。观音菩萨头戴华冠，胸挂璎珞，体态优美，面容秀丽，和蔼可亲。观音身上衣服的褶皱、头顶的祥云与飞舞的飘带，以及作为背景的大海波浪，构成了飘逸的动感，使整个画面鲜活起来。尤其是层层叠叠、起起伏伏、深浅不同的浮雕海水的波浪，营造出一种深远辽阔的意境，在有限的空间内表现了大海漫无边际、波涛汹涌的气势，达到了咫尺千里的效果，可谓巧夺天工。观音身旁的善财童子，造型别致，小手圆润，额头饱满，神情天真，萌态十足，足以称得上“最萌善财童子塑像”。

后大殿

后大殿又称藏经阁，共七间，上下两层，上层为藏经阁，下层为三佛洞，洞内塑有 3 组塑像：释迦佛及胁侍观音菩萨、地藏菩萨，弥陀佛及胁侍文殊菩萨、普贤菩萨，药师佛及胁侍日光菩萨、月光菩萨，均为元代彩塑作品，保存极好，颜色鲜艳如新，具有极高的艺术价值，目前尚处于封存状态。

JIANGXIAN

绛县

绛县境内的行走路线：

从乔寺村乔寺碑楼向东22千米至太阴寺。

乔寺碑楼

中国现存规模最大的单体砖石仿木碑楼

乔寺碑楼位于绛县横水镇乔寺村北，楼体高大，建筑雄伟，是我国现存古代旌表建筑中规模最大的单体砖石仿木碑楼。

碑楼建于清道光十七年（1837），是周氏家族为资政大夫周万钟所建的功德碑楼。当年建造碑楼时，周家从全国挑选了百余名工匠，耗时3年建成。

碑楼坐北朝南，平面为长方形，石砌台基上分为5个碑室，树立7通石碑（最右边的碑室树3通）。楼身六间，以垂柱隔开。顶端为单檐歇山顶，屋脊上有脊饰、鸱吻、宝顶。屋顶有仿木的椽、飞椽以及砖雕斗拱，制作精细。每个碑室之间有通柱石雕对联，上嵌石匾额。楼身部分有8层砖雕（两侧为9层），雕有人物、花卉、器物等图案，线条流畅、造型优美、图案丰富、技艺精湛。

左　正面局部
右上　正面砖雕特写
右下　右面局部

太阴寺

东华山之麓的金代名刹

太阴寺地处太阴山（东华山）下，因寺院坐南向北，属于“阴向”，故而得名。据寺内遗存的元代《雕藏经主重修太阴寺碑》记载，太阴寺还是著名的《赵城金藏》在金代的重要雕刻场所。

太阴寺建筑特色

寺内的大雄宝殿初建于唐代永徽元年（650），五代后晋时期重修，金大定二十年（1180）重建。当时，慈云和尚遵从师傅实公菩萨尹矧乃的遗嘱，与门徒在新田（今山西省侯马市）、翼城、古绛（今山西省绛县）等地雕刻大藏经。慈云游历到东华山，极目望去，见一胜所：林峦蓊郁，岩壑清奇，东连太行之高峰，西控中条之旷野，北观浍水，南望天台，中有太阴古寺旧址。慈云和尚看到古寺荆棘丛生、瓦砾遍地，乃与门人法澍、法满等僧徒和附近百姓百余人重建太阴寺，同时雕刻“释迦卧佛丈六金身”。

大雄宝殿面阔五间，进深六椽，单檐悬山顶。前檐悬挂的巨大匾额为金大安二年（1210）的作品。檐下铺作为六铺作单杪双昂，柱头铺作的昂为假昂，补间铺作的第三跳用真昂。殿内梁架为六椽栿通檐用三柱，减去前排的柱子。梁架构件精细，四椽栿上坐驼峰、栌斗、捧节令拱，平梁上采用双叉手，蜀柱之上有丁华抹颏拱，具有金代建筑的明显特色。殿内的前檐补间铺作使用了上昂。

左　大雄宝殿前檐悬挂的巨大金代匾额
右一　大雄宝殿前檐补间铺作
右二　大雄宝殿殿内的前檐补间铺作使用了上昂

海内孤品　冠绝天下

大雄宝殿内存有我国最大的独木雕卧佛，也为金代作品。这尊释迦牟尼木雕卧佛用一整根红杨木精雕而成，身长4.6米、高1.53米。卧佛右手撑头，双眼微闭，造型端庄、神态安详。卧佛身着赤金贴面的袈裟，雍容华贵。卧佛的鼻下和下巴上有胡须，与夏县司马光祠余庆禅院大殿的彩塑佛像风格一致。卧佛被安放在一个木制佛帐内。佛帐内有明洪武三十五年（应为建文四年，即1402年）绘制的精彩壁画。天启三年（1623）对卧佛进行了重妆。卧佛之侧有一和尚塑像，是金代太阴寺的住持法澍的塑像。座椅背上刻有“澍公菩萨”字样。据记载：澍公菩萨俗贯新田杨村，他一心向佛，在太阴寺出家50年，燃左手供佛。为了纪念他为复建太阴寺和雕印大藏经所作出的贡献，后人为他塑了这尊没有左手、着元代衣装的坐像。

塑像下有一把四出头、六条腿的椅子，木制棕漆，描金、沥粉，有彩绘。椅座面下有墨书年款：“金承安乙未年。”经核查历史纪年，承安乙未年为承安四年（1199）。可惜椅子的两根后腿断掉，一直未做保护维修，仅在椅子下面垫砖支撑。该椅子的造型、结构、榫卯等均为实用器做法，是目前所知年代最早的传世木椅，是当之无愧的国宝。

寺内还保存金代礼部给太阴寺颁发的《绛州太阴寺公据碑》、元代的《雕藏经主重修太阴寺碑》，具有重要的史料价值。

太阴寺集金代建筑、金代木雕卧佛、金代塑像、金代家具、金代碑刻、元代碑刻、明代佛帐、明代壁画于一体，具有极高的艺术价值。

上　殿内金代独木金身卧佛
下左一　殿内澍公和尚塑像
下左二　金代木椅侧观
下左三　佛帐内的明代壁画
下右　金代《绛州太阴寺公据碑》

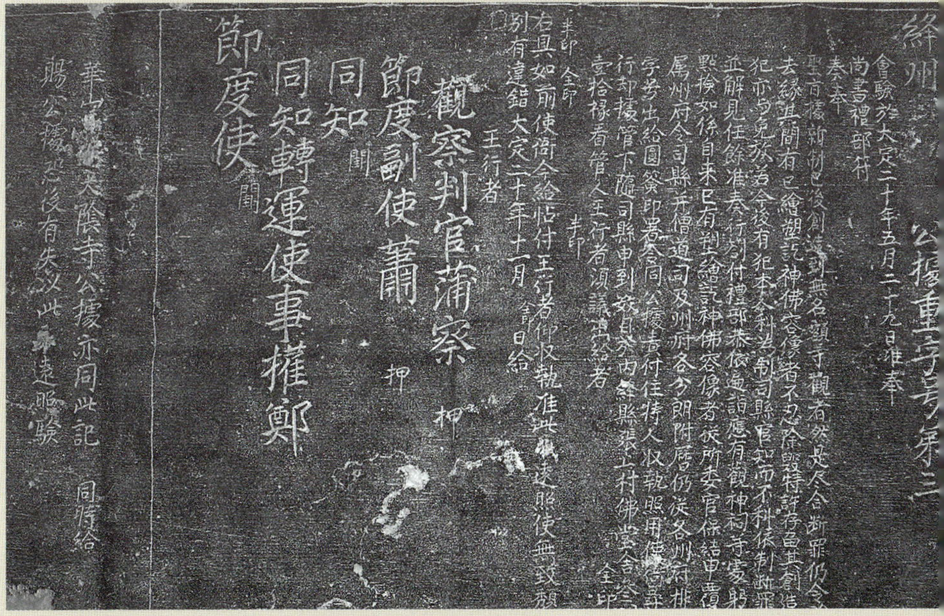

絳州[illegible]公據重字号第三
會驗於大定二十年五月二十九日准奉
尚書禮部符
奏奉
聖旨據新制已後創造到無名額寺觀者然是尽合斷罪仍令
去緣其間有已繪塑訖神佛容像者不忍除毀特許存留其創造
犯亦合免孫若今後有犯本人科違制罪司縣官知而不糾依制斷罪
並解見任餘准奏行訖付禮部恭依遍詢應有觀神祠寺處躬
點檢如係自來已有塑繪訖神佛容像者從所委官保結申覆
屬州府令司縣并僧道司及州府各分朗附曆仍從各州府排
字号出給圓簽印署公同公據者付住持人收執照用使今尋
行却據管下隨司縣申到[illegible]分內絳縣張上村佛堂舍叁
壹拾椽看管人王行者須議出給者 全印
半印 全印 半印
右具如前使衙今給帖付王行者仰收執准此[illegible]速照使無致違
別有違錯 大定二十年十一月 日給
王行者
觀察判官蒲察 押
節度副使蕭 押
同知 闕
同知轉運使事權鄭
節度使 闕
華山[illegible]天除寺公據亦同此記 同時給
賜公據以後有失以此[illegible]遠照驗

XIANGFEN XIAN

襄汾县

襄汾县境内的行走路线：

从普净寺向北 15 千米至汾城镇，

从汾城镇向东 26 千米至丁村明清民宅。

普净寺

元代古寺

普净寺又称南史寺，位于襄汾县西南35千米的史威村。寺庙建于元大德七年（1303），明正统十年（1445）、成化九年（1473）、正德三年（1508）重修，清代增建。

普净寺坐北朝南，沿中轴线依次分布有山门、天王殿、地藏殿、关帝殿、大佛殿。大佛殿为元代建筑，天王殿、地藏殿是元建明重修，关帝殿是清代建筑。

天王殿又称通明殿，面阔五间，进深四椽，单檐悬山顶。檐下有阑额和普拍枋，阑额和普拍枋均出头。前檐柱头铺作、补间铺作均为四铺作单昂，当心间、次间、梢间各有补间铺作 1 朵。殿内的梁架结构为四椽栿，有中柱 4 根，柱身上下粗细不一，有的柱子弯曲明显，属于典型的元代风格。殿内正中是玉皇大帝和侍者的彩塑，两侧有四大天王彩塑：南方增长天王，手握宝剑；东方持国天王，手持琵琶；西方广目天王，右手拿兵器；北方多闻天王，右手持宝伞。四大天王彩塑形象威严、衣饰华丽。其中，手持琵琶的东方持国天王尤为出彩。

天王殿彩塑·东方持国天王

地藏殿面阔五间，进深四椽，单檐悬山顶，檐下柱头铺作为四铺作单昂，无补间铺作。殿内梁架结构为三椽栿对后劄牵。殿内采用减柱法，将前排的柱子减去，以扩大祭祀空间。后排的柱子柱身歪斜，有明显的元代特征。后排当心间两柱间筑墙，墙南彩塑地藏菩萨和侍者，墙北彩塑观音菩萨和侍者。东西两侧彩塑十六罗汉像，罗汉塑像表情各异，刻画细腻。

大佛殿是普净寺的主体建筑，也是普净寺的精华所在。大殿巍峨，面阔五间，进深六椽，单檐悬山顶。檐柱间有阑额，阑额上有普拍枋。檐下铺作为四铺作单昂。当心间设补间铺作２朵，东、西次间，东、西梢间各设补间铺作１朵。大佛殿的梁架结构有典型的元代特征，为四椽栿接后乳栿用三柱，用材粗大。殿内采用减柱法，只留有后排的两根金柱，是元代建筑减柱法应用的典范。东、西次间、梢间有圆额直通两山墙，次间的大爬梁直接承托至平梁之下，形成八字斜梁，从而减去四椽栿及内柱、蜀柱、劄牵等构件。大佛殿同时使用大内额与斜梁的做法，是国内现存古建筑中的首例，是在金代减柱造基础上的进一步发展。工匠以后排的两根金柱为支撑制成佛龛，佛龛内塑释迦牟尼佛、文殊菩萨、普贤菩萨像（佛头和菩萨头多年前被盗，系后来补塑）。文殊、普贤菩萨像身材修长，姿态婀娜，衣纹自然，褶皱的呈现效果逼真，立体感极强，雕塑技艺精湛，是元代塑像中的精品。

大佛殿彩塑之一、之二

左　大佛殿

右上　大佛殿八字斜梁

右下　大佛殿的大内额

汾城

古代县城建筑的标本之一

汾城位于襄汾县城西南 16 千米处，唐初为尉迟恭的封地鄂公堡。贞观七年（633）太平县城迁于此，民国初年改太平县为汾城县，直到 1954 年，汾城作为县城已超过了 1300 年。1954 年，汾城县与襄陵县合并为襄汾县，原来的汾城县城降格为汾城镇。不再作为县城，应该是汾城的幸运，古城内的金、元、明、清各时期古建筑得以较好地保存下来，成为山西省著名的古建筑群之一。

汾城古建筑概况

汾城现存的古建筑主要有城隍庙、文庙、明伦堂、贡院、文峰塔、鼓楼、县衙大堂、关帝庙、社稷庙、洪济桥、城墙等，有 10 余处 40 多座。现存古建筑的年代，从金代到元、明、清，纵跨 800 多年。就遗存古建筑的规模而言，汾城的古建筑景观比较完整，是古代县城建筑的标本之一。

游人沿大路进入汾城镇，首先映入视野的便是屹立在十字路口的鼓楼，和与之遥遥相对的文峰塔。

鼓楼位于汾城镇的十字街中心，始建于唐，清康熙四十七年（1708）重建，道光年间和民国时期重修，为重檐十字歇山楼阁式建筑，通高约 15 米。鼓楼下层周砌女儿墙，上层置木栏杆，可登楼凭栏远眺，上下两层飞檐斗拱及彩色琉璃饰顶，雄伟壮丽。

汾城镇的布局，还沿袭汾城古城的原有格局。以鼓楼为中心，向东、西、南、北分别有 4 条街道，分别为县门前街、角口街、南门街和鼓楼街。从鼓楼向东，沿县门前街，现存有县衙大堂和关帝庙；鼓楼以西，即角口街以北、鼓楼街以西的这一大片区域，是汾城古建筑保存最为完好的一个区域，城隍庙、文庙、贡院、文峰塔，自北向南构成了别具特色的明清建筑群。

城隍庙建筑群

城隍庙建于明初，布局完整，由东、西牌坊，影壁，石旗杆，门楼，过亭戏台，献亭，大殿，钟楼，鼓楼及东、西两庑组成。

城隍庙前有一条东西向的古巷，巷子里的建筑是地道的明清建筑，步入其中，明清风韵扑面而来。古巷的东西两端建有跨街木牌坊，均为三间四柱式，东为“鉴察坊”，西为“翊镇坊”。东西两座牌坊的中坊屋顶是阔大的歇山顶，把左、右坊的屋顶完全遮蔽于下，形成重檐效果。

城隍庙位于古巷的北面。城隍庙门楼正对面有影壁 3 座，两侧立有双斗石质旗杆。影壁上的一副对联寓意深刻：“人化物物化人人物无穷；生了死死了生生死不息。”这副对联用 20 个字阐述了对人生的感悟——生死不息，淡然处之。城隍庙的门楼是三间四柱三檐牌坊式，高高耸立的门楼需要抬头仰视才能看得见全貌。飞起的屋檐翼角、精致的垂花柱、细腻的木雕，把大门烘托得十分壮丽。东西两侧边门的额枋、廊柱上都雕有精美的花卉。

鼓楼

进入大门，一座重檐歇山顶的**过路式戏台**近在眼前，上置台板为戏台，下面是人行通道。戏台后半部建为后堂，面阔三间。戏台的形制为凸字形，从正面看，戏台前后两部分的房檐、屋脊形成了层层叠叠的效果，漂亮的木雕、铺作、翼角、琉璃，美轮美奂。

戏台、大殿之间为一座四柱献亭，十字歇山顶，饰以彩色琉璃。献亭的八角形藻井方圆结合，尽显木构建筑之美。

城隍庙大殿坐北朝南，面阔五间，进深六椽，单檐悬山顶，雄伟壮观。殿内采用减柱法，只用后排的两根金柱撑起一根粗壮的大内额，有元代遗风。前檐设有一排宽阔的回廊，面阔七间，与大殿的屋顶分作两段。献亭、回廊、钟楼、鼓楼如众星捧月般围绕着大殿，烘托出大殿的尊贵地位。大殿屋顶的彩色琉璃构件保存完整，色彩缤纷、流光溢彩。

院内有数棵千年古柏，更增添了城隍庙的古意。在大殿两侧建有钟楼、鼓楼，均为重檐十字歇山顶楼阁式建筑。造型古拙的钟楼、鼓楼与献亭呈倒品字形布局，使得这片建筑错落有致。

左　城隍庙大殿屋顶的彩色琉璃构件
右上　城隍庙过路戏台
右下　城隍庙大殿、回廊、献亭

文庙建筑群

文庙在古巷之南，与城隍庙相邻而建，始建于唐，元代重建，明清修复。主要建筑有棂星门、泮池、大成门、露台、大成殿等。

棂星门是文庙的大门，三开间四柱牌坊式，花岗岩石质，门额上方刻有“棂星门”三个大字。棂星门屋脊宝顶上篆刻着“文庙”二字。在大门的两面，有 4 对南北斜撑的石质门柱，中间 4 根斜撑的石柱上雕刻着蟠龙，形态各异、活灵活现。棂星门两侧各有一座琉璃影壁。大门西侧竖立着一块石碑，上面竖刻着“文武官员军民人等至此下马”的字样，彰显出文庙的至尊地位。从棂星门往里望去，院中古木森森，石桥从泮池上飞架而过，不远处的大成门、大成殿历历在目，庭院深深，古意盎然。

左　文庙棂星门
右　文庙泮池

进入文庙大门，泮池就近在眼前。泮池由两个半月形水池组成，它是古代官学的标志性建筑。一座小巧的石拱桥架在泮池之上，人称状元桥，表达了古代学子金榜题名的美好愿望。泮池周围的石栏板、石拱桥的望柱和石栏板上都有精致的石雕。

大成门建于明代，面阔三间，悬山顶。大成门的屋脊宝顶为一阁楼，阁楼的门额上也有“文庙”字样。大成门东边为名宦祠，供奉着历任官员中政绩卓著者；西为乡贤祠，供奉着本县的先贤。大成门内的廊下保存着多通石碑。其中有文徵明的两通书法碑刻《虎山桥》《宿碧照轩》，笔力遒劲、形态妍美，有很高的艺术价值。此外，还有《莅官十戒》和《持己十箴》两通碑刻，颇有价值。《莅官十戒》曰：“勿慢君子，勿近小人，勿易言语，

勿好财名，勿听谗言，勿滥徭刑，勿嗜旨酒，勿尚浮羸，勿作无益，勿图幸成。”《持己十箴》曰：“如山之重，如水之清，如松之劲，如兰之馨，如玉之润，如金之精，如刃之利，如衡之平，如矢之直，如鉴之明。”

大成殿面阔五间，重檐歇山顶，四周回廊，前有 3 间抱厦。殿前有一方形露台，这是一座露天的舞台，上面还有两株古树，和露台前的古树遥相呼应，给大成殿增添了几分庄重。当年祭祀孔夫子时，庄严肃穆、雍容大方的乐舞就在露台上敬演。

明伦堂在文庙大成殿之西，创建于元代，面阔五间，悬山顶，前檐下的普拍枋粗壮，有明显的元代特征。现用作碑廊，收藏数十通石碑，其中有北魏正光二年（521）的造像碑，以及北齐、隋、唐造像碑碣等。有一通明代的“福寿碑”颇有特色，是崇祯十五年（1642）张氏兄弟为其父八十寿辰而刻立的，碑正面阴刻 106 种“福”“寿”字样，每个字的上方还刻有

文庙大成殿与露台

该字体的名称及出处。

文昌阁位于文庙东南角的墙外，是一座建在高台上的六角攒尖顶两层楼阁，是文昌祠的门楼，门洞原来可以通行。文昌阁造型精巧秀美，一层主体为砖砌，周围设有回廊；二层为木构，檐角飞起，具有灵动之气。文昌阁作为文昌祠中的建筑，亦称“魁星楼”，既有美好的寓意，也与文庙建筑群相呼应，成为文庙建筑群的点缀。

左　文徵明书法碑刻《宿碧照轩》（局部）
右　明伦堂内明代的“百福百寿碑”（周鑫 摄影）

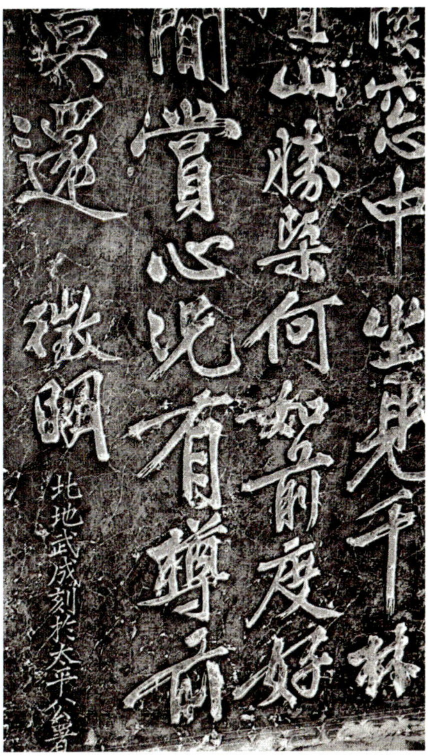

贡院建筑群

贡院与文庙隔街相望，贡院里的建筑依然保留着部分原貌。

文峰塔位于贡院的西南，始建年代不详，塔高 24 米，八角形，共 9 层，为密檐式空心砖塔。因位于贡院门前，又俗称学前塔、贡院塔。底层最高，檐下饰以仿木结构的砖雕斗拱。第二、第五层塔身南北设有券龛，其他各层的北侧设有券龛。各层檐角上都悬挂有铃铛，微风吹过，铃声叮当，古韵悠悠。

左　贡院与文峰塔
右　关帝庙（周鑫 摄影）

前门街建筑群

出角口街往东步行，穿过鼓楼，就是县前门街。在一所幼儿园的大院一角有一座古老的建筑，这就是汾城县当年的县衙大堂。

县衙始建于唐，重建于金；明嘉靖三十四年（1555）毁于地震，隆庆六年（1572）再次重建；明清之际毁于战火，清康熙十五年（1676）第三次重建；康熙三十四年（1695）又毁于大地震，次年重修。现在仅存县衙大堂，面阔五间，进深六椽，单檐悬山顶。前檐阑额、普拍枋之上有通长的大圆额，其上有一排重昂五铺作。大堂内采用了减柱法，仅用 4 根金柱，空间显得很开阔。

沿县门前街继续往东，不远处就可以看见一处古建筑的外廓，是修建于元大德四年（1300）的关帝庙。现存大殿重修于明万历四年（1576），坐东朝西，面阔三间，前廊面阔五间。彩色琉璃瓦饰顶，色彩艳丽。柱间木雕花卉，花开朵朵，技艺精湛。现关帝庙为一户人家所用，幸运的话，游客可以进入其中参观。

汾城南关建筑群

沿鼓楼往南就是南门街。出南门街再往南，就出了汾城古城，进入汾城南关。社稷庙和洪济桥都在这里。

社稷庙位于南关石坡北侧，初建于明洪武年间，比北京社稷坛的创修时间还要早，是国内现存罕见的县级社稷庙。社稷庙现存建筑重建于清嘉庆十六年（1811），重修于道光九年（1829）。社稷庙坐北朝南，内有献殿，正殿，钟、鼓楼等建筑。

献殿面阔三间，卷棚式建筑。檐下铺作皆出斜拱，十分漂亮。献殿仅用两排 8 根木柱支撑，四面开敞。周围有木栅栏环绕。柱间的额枋、雀替木雕精美，架下有垂莲柱，北侧额枋有透雕的人物、博古图案木雕。

正殿面阔三间，歇山式建筑，檐下铺作为三昂六铺作。两山墙前端设八字墙， 墙心有砖雕对联：“圣德均同育物；神功总在宁民。”

在正殿东西两侧有钟楼、鼓楼，为二层十字歇山式建筑。钟楼、鼓楼结构精巧，一层没有出檐，四周有格栅护栏围绕，空间开阔，颇似一座亭子。钟楼、鼓楼的八卦藻井构图别致，8 根垂莲柱环绕着八卦藻井，白色的垂莲、红色的底板、黑色的八卦图案，形成绚丽的视觉冲击。钟、鼓楼的木雕风格

与献殿的木雕风格一致。整个社稷庙建筑的木雕精彩绝伦，令人惊叹。

洪济桥位于南关石坡下，建于金大定二十三年（1183），是汾城现存最古老的建筑。桥东西向，南北宽 7.2 米、东西长 14.2 米，桥身为石砌单孔拱桥，桥上建桥廊五间，木石结构，单檐歇山顶。清乾隆年间将桥廊的木柱易为石柱，此桥至今还在使用。桥面上 16 根桥廊石柱挺立，梁架下 12 个莲花柱下垂，飞檐斗拱，青石铺地，典雅古朴。像洪济桥这样历经 800 多年还在使用的廊桥建筑，在国内十分少见。

汾城的古建筑遗存丰富，中国古代县城的建筑类型基本都被保留了下来。汾城遗存的古建筑时间跨度大，明代建筑比较多，保存状况基本完好，是遗落在晋南平原上的一颗蒙尘明珠。历史文化厚重的汾城，至今还“养在深闺人未识”，在经济转型发展的新时代，我们应该保护好汾城古建筑群这颗文化明珠，让她发挥历史文化价值，让更多的人看到汾城的古建筑之美，领略这座古城的多彩神韵。

左　社稷庙鼓楼八卦藻井
右　洪济桥

丁村明清民宅

跨越 300 多年的古院落建筑群

丁村明清民宅位于襄汾县城南 4 千米的汾河东岸，是我国北方典型的四合院格局的民宅，现保存较好的有 40 座院落。

丁村明清民宅概况

丁村明清民宅分为北院、中院、南院和西北院 4 大组。据建房题记，北院以明代建筑为主，中院以清代雍正、乾隆时期建筑为主，南院以道光、咸丰时期建筑为主，西北院以乾隆、嘉庆时期建筑为主，时间跨度达 300 多年。据统计，丁村民宅建于明万历年间的有 6 座，清雍正年间的有 3 座，乾隆年间的有 11 座，嘉庆年间的有 2 座，道光年间的有 2 座，咸丰年间的有 3 座，宣统年间的有 1 座，民国时期的有 2 座，无建房题记但明显属于清代的有 10 座。

丁村明清民宅能够完整地保留下来，与陶富海先生关系很大。“文化大革命”期间，接手襄汾文物工作的陶富海摸清了全县的文物情况，向县革委会反映了当时文物遭受破坏的情况，敢于担当的襄汾县革委会发布了特殊时期山西省唯一的《关于保护文物的公告》。在陶富海的奔走、呼吁下，20 世纪 70 年代，山西省的有关部门出资陆续将 21 套院落购买下来。

丁村明清民宅大多坐北朝南，北房是院子的正房，在襄汾一带称为厅房，三开间，三间连通，比较宽敞；与厅房相对的是南房，当地称为倒座；还有东、西厢房。厢房大多为三开间，也有将三间隔为两间使用的，即在当心间的正中砌一砖墙隔断，两次间开窗，两间房子的门紧挨着，都在当心间，而外立面仍保持着三间的形式，这种做法称为“三间两室阁楼式”。二层的阁楼不设隔断，每开间都面朝院落开一长方形的窗子，有的院子当心间的窗子稍大些。

明代的丁村民宅院落以单体四合院为主，清代则以二进四合院为主。明代民宅建筑除了少量的雕刻外，基本上是以灰、白、蓝、黄为基调的彩绘为装饰，清代民宅建筑则有大量精美的木雕，显得更加华丽。

丁村民宅常见的“三间两室”厢房

3 号院

3 号院建于明万历二十一年（1593），是明代单体四合院的代表，由正厅，东、西厢房，南房四部分组成。院子的东南方是大门，院内四周房檐下砌院阶，台明平齐（即院阶处于一个平面上），院落开敞，天井几乎为正方形。这是丁村民宅中最宽的一个院子。屋顶坡度平缓，有唐宋遗风。屋脊两端的鸱吻为龙头，厦坡的屋瓦如同长龙吐水。正厅三间，带前廊，进深四间，内部不设隔墙，是家庭祭祀和接待客人的地方。屋内房梁上的彩绘为明代原作。正厅前廊的柱子内倾明显，柱子顶端有抹角。廊柱上的华头为龙形，龙头做出水状。廊柱的柱础高 40 厘米，柱础上有精细的线雕。正厅额枋装饰倒置的海浪图案，体现了“以水聚财、以水压火”的房屋设计理念。东、西厢房，南房皆为三间两室格局。东、西厢房，南房共有 6 个居住空间，可以供 6 户人家使用。明代丁村民宅的窗棂、格扇门花纹常用毬纹或六出梅花，制作细腻、工艺精湛。3 号院当心间的 3 对格扇门饰以不同的棂花，左右两侧并不对称，打破了传统建筑美学的对称观念。

左上　3 号院
左下　3 号院正厅梁架彩绘
右上　3 号院，正厅前廊的柱子顶端有抹角，清代建筑已无此特征
右下　3 号院正厅格扇门

2 号院

2 号院建于明万历四十年（1612），是明代二进院的代表，前后院之间以垂花门（近年复修）相隔。前院已不存。后院由正厅，东、西厢房组成。正厅带前廊，廊柱顶端有抹角。廊柱的柱础高 54 厘米，柱础下部为八边形，上部为鼓形。檐下的普拍枋粗大，有木雕的额枋。天井呈长方形。正厅的台阶高于两厢台阶。东、西厢房的阁楼当心间的窗户为门的样子。丁村民宅的格扇门一般安于前廊内的正面，大部分格扇门为每间 6 扇，3 间共 18 扇。2 号院正厅的格扇门为 12 扇，比较少见。正厅的额枋、雀替木雕作品技法精湛，画面精美，雕刻内容为“凤凰戏牡丹”，牡丹花繁叶茂，几只凤凰立于花间，栩栩如生。

上　2 号院正厅
下　2 号院东厢房

8 号院

清代的单体四合院以 8 号院为代表，建于清雍正九年（1731），是在明嘉靖时期的基础上重建的，保留了一些明代建筑风格，如廊柱上的抹角。与别的四合院不同的是，8 号院的东、西厢房也带有前廊。正厅的台基高 52 厘米，与厢房的台基高差达 30 厘米。重建的房主是丁正禧，房子正厅的题记板上的人名多达 44 个，足见其家族人口众多。廊柱柱础上的力士石雕精美，力士的姿态各异。院子的脚踏石上也有细腻的石雕。正厅栏板正中有一组木雕“贪吞太阳”。“贪”（饕餮）是一种传说中的贪婪猛兽，因吞太阳而被烧死。这幅木雕作品是告诫子孙后代不要贪心。与正厅栏板木雕相对应，在门廊内侧的栏板上有一组“鹬蚌相争”的木雕，是告诫子孙们要牢记“鹬蚌相争渔人得利”的寓言，不可窝里斗，让外人从中得利。大院的主人在进出院子的显眼位置安排这两幅寓意深刻的木雕作品，以发挥告诫子孙后代的作用，用心良苦。正厅，门廊，东、西厢房的木雕技艺精湛，所雕人物、花卉、鸟兽跃然而出。

上　8 号院
中　8 号院正厅栏板正中木雕・贪吞太阳
下　8 号院门廊内侧栏板木雕・鹬蚌相争

11 号院

清代的二进四合院以建于乾隆十年（1745）的 11 号院为代表，自南而北依次为影壁、倒座（当心间开大门）、前院、中厅、后院。中厅只做会客、留客之用，相当于一般院子的厅房，其后门可以通往后院，当地人称之为“二门”。前、后院的东西两侧都建有厢房。这座二进四合院与其周围建于雍正元年（1723）、雍正八年（1730）、乾隆十五年（1750）、乾隆三十六年（1771）的四合院通过甬道或跨院连通，形成一片由 5 座四合院组成的连体四合院建筑群。进入这一组合院落，就像进入迷宫一样。这种连体四合院的出现，与乾隆时期人口的增多有关。

11 号院以二进院为主，除有一个主门外，旁门分布于偏院、前院和后院，多达六七处。主院与左右的宅院通过旁门跨院相互连接，组成一个全封闭的大合院。从家谱中得知，这里曾居住着一个五世同堂共居的大家族。

11 号院的布局特点，是一种在巩固家族观念的意识下形成的，有隐喻之意的又“合”又“开”的动态形式。这种布局形式一直延续到清末。

上　11 号院大门
中　11 号院中厅
下　11 号院后院

丁村明清民宅的艺术特色

丁村明清民宅的突出特点是注重建筑细部的装饰，木雕、砖雕、石雕分布在建筑物的各个部位。尤以木雕最为丰富，在额枋、雀替、博风板、门楣、窗棂、匾额上，到处都有寓意吉祥的或人物，或鸟兽，或花草，或器物的木雕图样，技艺精湛、形象逼真。

石雕集中在脚踏石、柱础和门墩石上。雕刻手法有线刻、高浮雕和浅浮雕等。石雕线条流畅，图案精美，为丁村明清民宅增色添彩。

丁村明清民宅的时代特征明显，保留了当时原汁原味的建筑风格，是研究北方民宅布局和建筑特色的重要实例，值得大家来沉浸式地体验。

上　11号院中厅柱础

下　17号院牌坊木雕（王俊彦 摄影）

YAODU QU

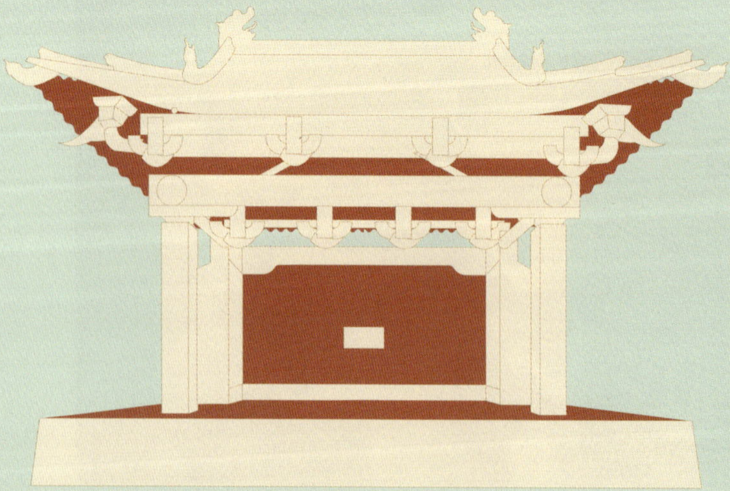

尧都区

尧都区境内的行走路线：
从尧都区中心向东 25 千米到尧陵；
从尧陵向西北 30 千米至王曲村，
由王曲村向西 5 千米至东羊村，
从东羊村向北 8 千米至魏村，
这 3 个相距不远的村中，
留存着建造技艺绝佳的元代戏台。

尧陵

涝水之阳祭唐尧

尧陵，即帝尧陵，位于山西省临汾市尧都区大阳镇，在临汾市东北 35 千米郭村里隅涝河北侧。涝河从北向南经陵前南泄，陵周土崖环抱，丘陵耸峙。

最早“中国”

尧是4000多年前的部落联盟首领，因其曾被封于唐地，人们也尊称他为“唐尧”。尧的活动范围主要在今山西的南部。近年来，考古学界在临汾之南的襄汾陶寺遗址发掘出规模空前的城址、与之相匹配的王墓、世界上最早的观象台、气势恢宏的宫殿、独立的仓储区、彩绘龙盘、土鼓、玉器等。许多专家提出，陶寺遗址就是帝尧的都城所在，临汾一带是最早的“中国”。在今临汾市有尧陵，合乎情理。

尧虽然是部落联盟的首领，但他非常节俭。传说他住在用茅草盖的房子里，吃的是粗米饭，喝的是野菜汤，用的器皿也是泥碗、土钵之类，一点也没有特殊的地方。尧对百姓充满了深厚的仁爱之心。如果听说哪一个人挨了饿，尧就说：“这是我使他挨饿的呀！”如果有哪一个人受了冻，尧就说：“这是我使他受冻的呀！”百姓对尧始终是衷心爱戴的。先圣孔子对尧大加赞扬，他说：“大哉，尧之为君也！巍巍乎，唯天为大，唯尧则之；荡荡乎，民无能名焉。”这段话的大意是说：尧这位国君，真伟大呀！最崇高、最威严的是上天，只有尧能像上天那样爱护人民。他那种对人民的宽厚坦荡的爱呀，老百姓不知怎么说才好。史学家司马迁在《史记》中赞扬尧帝：“其仁如天，其知如神。就之如日，望之如云。”——他的仁德如天，他的智慧如神，接近他能感受到如太阳一般温暖，远望他如云霞一样灿烂。传说有一次尧帝下乡巡视，看见一个老者在玩游戏，这种游戏叫“击壤”。尧帝下车，驻足观看。那老者唱道：“日出而作，日落而息，凿井而饮，耕田而食，帝力于我何有哉？”后世称这首歌为《击壤歌》。《击壤歌》展现出了尧帝时代先民自由闲适的生活状态。

尧陵建筑群

尧陵之前有祠宇建筑，据有关碑文记载，唐太宗征辽东时曾驻跸于此，拜谒尧陵。蒙古中统年间（1260—1264），道人姜善信奉忽必烈之命修筑尧陵。明成化年间，清雍正、乾隆年间，都对尧陵予以重修。2006 年，尧陵被列为第六批全国重点文物保护单位。

尧陵分为景区、陵区两部分。

景区部分由山门、戏台、木牌坊、献殿、碑亭等组成。山门高耸于河岸，背后是戏台。戏台对面为木牌坊，又称仪门，建于高台之上，乾隆五十年（1785）修建，单檐歇山顶，层层叠叠的铺作将牌坊的屋顶托起，出檐深远，飞檐四向挑出，左右两侧的铺作密密实实，犹如花瓣。牌坊正面匾额为“平章百姓”，背面匾额为“协和万邦”，语出《尚书 · 尧典》：“九族既睦，平章百姓。百姓昭明，协和万邦。”木牌坊正立面、背立面的额枋、雀替都有细腻的花卉木雕。

木牌坊

木牌坊之后为面阔三间的卷棚顶**献殿**，是尧陵建筑的精华，献殿的额枋木雕十分精彩。当心间额枋雕刻葫芦、石榴等图案，作品雕刻细腻，果实饱满，花叶翘起，叶脉清晰。东次间的额枋、雀替上雕刻有凤凰、牡丹等，在东次间雀替左边有限的空间内竟然雕刻了５只凤凰。西次间的额枋雕刻莲花、喜鹊等，莲花盛开，莲叶硕大，莲蓬中的莲子清晰可见，莲花的花蕊、花瓣刻画得惟妙惟肖，足见匠师刀法之纯熟。

上　献殿

下左　献殿当心间额枋中心木雕

下右　献殿东次间雀替木雕

从献殿往北，登上 13 级台阶，有一座碑亭，其中的《古帝尧陵》碑立于明万历十二年（1584）。在碑亭之南，曾经有 7 株高大的古柏，呈北斗七星状分布，当地称为“七星柏”。现在仅存一株，树龄在 1700 年以上。

尧陵之陵丘在碑亭以北，高 50 米，周长 300 米，为三皇五帝陵墓中最大者。陵丘之上树木葱郁，当地称为“神林”。

左 《古帝尧陵》石碑

右 树龄在 1700 年以上的古柏

北宋时期，开封、洛阳是文化中心，勾栏瓦肆为戏剧的发展提供了沃土。金代初年，与宋杂剧密切相关的金院本盛行于今河南和山西南部，近年来晋南的稷山、新绛、侯马、垣曲等地陆续有金代墓葬戏曲砖雕出土。河东与开封、洛阳相邻，属于一个文化圈，山西元杂剧的兴盛，得益于宋金杂剧的滋养。根据我国戏曲文物学开拓者黄竹三先生的观点，金元时期，平阳（今山西省临汾市）是北方文化活动的中心，这里戏剧艺术的繁荣是先于大

元代戏台

元杂剧兴盛的见证

都（今北京市）的。晋南民众性好优戏，元代郭嗣兴《咏临晋》诗曾描述蒲州的民俗：“使令稀婢仆，歌舞盛优娼。”其地每年“元宵张灯，设火树烟花，鼓吹杂戏”。可见，金元时期山西南部地区的杂剧演出是极为兴盛的。因为戏剧艺术的繁荣，元代的平阳地区建造了大量的戏台，现今全国范围内仅存 8 处完整的元代戏台，而临汾独占 5 处，其中的 3 处在尧都区。

王曲村东岳庙戏台

戏台原为东岳庙的附属建筑，为前后台式的复合戏台。元代戏台现为后台，呈方形，单檐歇山顶。清代在元代戏台前增修一卷棚抱厦缩于歇山檐下作为前台。像这样由不同时期的建筑组成的复合戏台，在古代戏台建筑中比较罕见。元代戏台的4根角柱粗大，角柱承交叉的绰木枋托大额，大额上施大斗置斗拱。东、西墙于后部1/3处各立一辅柱，可见元代戏台原来是三面观的戏台，现在东西两侧整面砌墙是清代补建前台时所为。戏台中央的藻井结构奇特，以斗拱叠架的手法，形成空灵深邃的三角形、四边形等几何形状。第一层井架是四面的大额枋，上面排列一圈16朵斗拱，每个角有两组斗拱出斜拱承托抹角梁，其上施4根角梁承托第二层井口枋，其上施8朵斗拱，构成第二层斗拱；第二层斗拱承托第三层井口枋，又是每个角有两组斗拱出斜拱承托抹角梁；第三层井口枋和抹角梁上再施8朵斗拱，一圈斗拱的挑斡插入中心雷公柱，最终形成空灵的藻井。

左　王曲村东岳庙戏台藻井
右　东羊村后土庙戏台藻井

东羊后土庙戏台

东羊后土庙戏台台基高 1.7 米，面阔 7.47 米、进深 7.55 米，是一座三面封闭、正面开敞的平口戏台。戏台屋顶出檐深远，角柱生起明显，檐口弧线优美。屋顶为十字歇山顶，是国内现存元代戏台中唯一的一座十字歇山顶戏台。在戏台前檐石柱上，有“至正五年本村石匠王且”题记，柱上浮雕莲花、童子，右前柱雕一男童，左前柱雕一女童。檐下铺作密集，四面各有 7 朵铺作，共计 24 朵，铺作为六铺作三杪。梁架结构在 4 根角柱上设大斗，大斗上交叉承托通檐由额，4 根由额之上承粗大圆额，上施铺作承托屋顶。屋顶的藻井由密集的 3 层斗拱叠成，形成“八卦攒顶”。因为八卦藻井十分漂亮，所以当地人称此戏台为“八卦戏台”。藻井结构复杂，第一层斗拱是 4 根大额枋之上的 24 朵斗拱，每个角有一组斗拱出斜拱上托抹角梁；抹角梁承托第二层井口枋，其上施 4 根角梁和一圈斗拱 16 朵；角梁和二层斗拱的挑斡之上施 8 朵斗拱，构成第三层斗拱；第三层斗拱已经挨在一起，围成一个八卦形，一圈斗拱的挑斡插入中心雷公柱，形成漂亮的八卦攒尖。这样的藻井结构，层次感很强，起到了装饰屋顶的作用，是元代藻井戏台建筑的典范。

左　东羊村后土庙的十字歇山顶戏台

右　东羊村后土庙戏台石柱雕刻

牛王庙戏台

牛王庙戏台位于尧都区魏村镇魏村，建于元至元二十年（1283），后因大德七年（1303）大地震被损坏，于至治元年（1321）重修。前台石柱上刻有“蒙大元国至元二十年岁次癸未季春竖”题记，右前角柱上刻“维大元国至治元年岁次辛酉孟秋月下旬九日立石”题记，这是国内发现最早的有确切始修纪年、重修纪年题记的古代戏台，弥足珍贵。

戏台为木构亭式舞台，台基高 1 米，面阔 7.45 米、进深 7.55 米，屋顶为单檐歇山顶。平面呈正方形，三面开敞，正面为台口。两侧后部 1/3 处设辅柱一根，柱后砌山墙与后墙相连，演出时在两辅柱间设幕布，把舞台区分为前、后台两部分。前台两边无山墙，可三面观看。戏台四角立柱，柱子侧角明显，框架稳固，前檐两柱为抹角石柱。石柱正面雕牡丹、童子，立体感极强。檐下铺作为五铺作双杪。梁架结构在 4 根角柱上设大斗，大斗

魏村牛王庙戏台

上施交叉的绰木枋，承托 4 根粗大的额枋，形成稳固的方框结构，承受整个屋顶的重量。屋顶的藻井由方形和八角形构成，井口枋、斗拱、抹角梁、垂花柱、小八角藻井层层缩小，精巧美观。藻井共分 3 层井口、3 层斗拱，斗拱的大小由下到上层层递减。第一层井口是四面的大额枋，施一圈斗拱 12 朵，每面居中的 2 朵斗拱出斜拱承托抹角梁，抹角梁承大斗托十字绰木枋，其上承第二层井口枋，再上有第二层斗拱 12 朵；第二层每面正中的一朵斗拱出斜拱承托抹角梁，抹角梁中部有垂花柱托第三层井口枋；第三层井口内设 4 根抹角梁构成八角形，其上施 8 朵斗拱构成小八角藻井；小八角藻井内施横木，横木中间以雷公柱固定。清康熙三十四年（1695），晋南一带发生大地震，牛王庙的其他建筑被夷为平地，只有这座元代戏台巍然屹立。

魏村牛王庙戏台藻井

PUXIAN

蒲县

蒲县境内的行走路线：

蒲县县城不大，

三面环山，

从蒲县县城出发向东2千米，

登上柏山之巅，

可到达东岳庙。

东岳庙

国内体系最完整的东岳庙建筑

蒲县东岳庙位于蒲县城东的柏山之巅，是一座规模宏大的祭祀东岳大帝的道教庙宇。庙宇坐北朝南，以东岳行宫为中心，周边环绕寝宫、昌衍宫、清虚宫、地藏祠、地府、乐楼、看亭、献亭、后土祠、圣母祠、太尉庙、将军祠、御马厅、花池庙等建筑60余座、280余间。现存建筑中，东岳行宫大殿为元代建筑，其余为明清建筑。蒲县东岳庙是国内现存体系最完整、保存彩塑最丰富的东岳庙建筑。

东岳庙的建筑布局颇有自己的特色，庙宇内既有天堂楼、凌霄殿等天堂部分，又有戏楼、看亭等人间部分，还有地藏祠、十八层地狱等地狱部分。一处庙宇涵盖了天堂、人间、地狱三大类别建筑，这在国内现存的古建筑中是比较罕见的。

献亭在东岳行宫大殿前，是四周开敞的方形亭子，单檐歇山顶。四角立有盘龙石柱，前两根柱子为金元作品，后两根为明代作品，造型生动。盘龙或蓄势待发，或回首怒视，或腾云驾雾。西南角柱础上雕刻的浪花、鱼、龟、马等图案生动逼真，为金泰和六年（1206）蒲县郭下村石匠李霖制作，是金代石雕遗存中的精品。献亭之南是看亭，看亭的藻井十分别致，中央的木雕花朵正在绽放。

山门

东岳行宫大殿是东岳庙中最高的建筑，位于中轴线中央。前面是献殿，后面是寝宫。大殿面阔五间，进深十椽，平面方形，重檐歇山顶。正脊上有10尊琉璃骑马武士，为稀见的古建筑屋脊装饰。一层四周有围廊，除后檐当心间两根檐柱为圆形木柱外，其余18根为石质抹棱檐柱。前檐柱头施兽面。檐下柱头铺作为四铺作单杪，无补间铺作。二层铺作为六铺作双杪单昂。

一层柱间的普拍枋上塑童子、猴子、小鬼。一层门额正中是雷震子的塑像。殿内正中为神龛，塑东岳大帝坐像。

东岳行宫大殿东西两侧为二层的**楼廊**。楼廊一层为“72 司”——砖砌窑洞 72 间，内塑东岳大帝管辖下治理阴间之事的 72 个专职衙门。楼廊二层进深四椽，单檐卷棚顶，中间不设隔墙，形成回廊。回廊居中位置建有戏楼，这样的形制比较少见。楼廊上的两座戏楼与大殿南面的主戏台排列成品字形，别具特色。南面的主戏台有精美的木雕雀替，是清代木雕工艺的佳作。戏楼建筑充分运用了声学原理，东、西两座戏楼建在楼廊上，在空间上具有聚拢声音的作用，再加上楼下的 3 个通道，形成了 5 个“庞大的音箱”。

上　东岳行宫大殿一层门额正中的雷震子塑像
下　蒲县东岳庙南面戏台

一层七十二司的窑洞将声音多角度反射，使戏台上的声音可以飘向庙院各处。

东岳行宫大殿之后，依次为寝宫、昌衍宫、清虚宫、地藏祠，之后便是东岳庙彩塑作品最精华的部分——地狱。地狱为砖券窑洞，由3组窑洞组成，砖券15孔窑洞式神龛。中间5孔为五岳殿，东西两面为十王府。五岳殿供奉五岳大帝，十王府供奉十殿冥君。在神台下是大量的鬼卒塑像，完整地展现了地狱行刑的画面。地狱里的鬼卒各司其职：有的推磨、有的拉锯、有的挖眼、有的搅油锅，表情狰狞可怖，姿态生动传神。在地狱塑像中，还穿插有“目连救母”“唐王游地狱”等场景。如此庞大完整的地狱场景塑像，在现存古代寺庙中稀见。

左　东岳庙明代彩塑局部

右　东岳庙行宫大殿右侧的回廊与戏楼

出口
Way out

XIXIAN

隰县

隰县境内的行走路线：
从隰县县城出发，
向西北行进1千米，
登上凤凰山巅即可到达小西天。

小西天

中国雕塑艺术史上的悬塑之冠

隰县小西天位于隰县城西1千米的凤凰山巅。小西天原名千佛庵，因为寺院内的大雄宝殿有千余尊佛像而得此名。千佛庵与原来县城南关的圣境寺都以悬塑著名，圣境寺的殿宇众多，建筑规模宏大，有“大西天”之称。千佛庵在建筑规模上较小，所以被俗称为“小西天”。

小西天建于明末，依山而建。寺院的建筑布局以小巧取胜，为了充分利用有限的空间，寺院中的大部分殿堂为双层建筑，高低错落、红墙绿树、曲径通幽，既有一般寺院之布局，又深得园林建筑之旨趣。

该寺分为上、下两院。上院的主殿为大雄宝殿，左右有文殊殿、普贤殿两座配殿，两侧是北极殿、马王祠。下院的建筑有无量殿、韦驮殿、摩云阁、八卦亭、钟楼、鼓楼。

上　大雄宝殿南壁悬塑·西方三圣
下　大雄宝殿北壁悬塑及十大弟子局部

上院是全寺的精华所在。**大雄宝殿**面阔五间，进深六椽，单檐硬山顶，前有插廊。大雄宝殿内的悬塑制作开始于明末，完成于清顺治年间。殿内的梁架上有漂亮的彩绘，花团锦簇，采用沥粉贴金的手法，是明清建筑彩画中的高等级画法。殿内正面排列着相连的5个佛龛，供奉“释迦”“毗卢”“弥勒”“弥陀”“药师”5尊佛像。五佛端坐莲台之上，南北两侧有十大弟子和小沙弥。5尊主佛身披袈裟、披肩，袈裟和披肩的领口都饰有花纹；胁侍菩萨均头戴宝冠，身着披肩小衣，臂悬飘带，身姿婀娜。释迦牟尼佛上方悬塑西方圣境，毗卢遮那佛上方悬塑龙华三会、千佛殿，弥勒佛上方悬塑明王殿，阿弥陀佛上方悬塑金色世界，药师佛上方悬塑琉璃世界。5尊佛像之间都有方形的塔柱。方形塔柱上有栏杆、平座、飞檐、斗拱、垂柱、脊饰，犹如4座高楼。这4个方形塔柱与5尊主佛上方的悬塑共同构成了大殿内的空中楼阁。南壁十大弟子上方悬塑“西方三圣”“四大天王”等佛教人物，北壁十大弟子上方悬塑三十三层天、佛传故事等。勾栏平台上，乐伎翩翩起舞，飘逸灵动。在南壁的第二层平台上有十二乐伎，左起第三位为弹琵琶乐伎，头戴宝冠，腰身向左倾，左手托琵琶上部，右手正在拨弦。其他乐伎大都手执乐器，身姿妖娆。整座大殿内的悬塑多达十几层，金碧辉煌、色彩缤纷，孔雀、仙鹤等珍禽在云上飞舞，五颜六色的花朵在园中盛开。楼阁层层，祥云缭绕，一派仙宫佛国景象。

大殿内的彩塑颜色明艳，虽历经近400年但仍完美如新。大殿内的悬塑造型生动，千姿百态，雕塑技艺高超，是中国雕塑艺术史上的悬塑之冠。赵朴初先生曾挥毫为大雄宝殿书联：“东土西方微尘不隔；人间天上万象庄严。”

大雄宝殿塑像·迦叶像局部

左上　大雄宝殿西壁悬塑·释迦佛与胁侍菩萨
左下　大雄宝殿西壁悬塑·十二乐伎
右　　大雄宝殿南壁悬塑（王俊彦 摄影）

HONGTONG XIAN

洪洞县

洪洞县境内的行走路线：

从大槐树寻根祭祖园向南 2 千米至苏三监狱遗址，

从苏三监狱遗址向东北 14 千米至广胜寺。

怀大德
根

古大槐树处

亿万人的故乡标志

在中国2000多个县中，知名度最高的应该是山西省的洪洞县。洪洞县之闻名，首先因为她是亿万人心中的故乡，这里有一棵万民为之萦怀的大槐树。“问我祖先何处来？山西洪洞大槐树。问我老家在哪里？大槐树下老鹳窝。”这首民谣在华夏大地已经流传了600多年。经过代代口耳相传，洪洞大槐树如今已成为妇孺皆知、万民敬奉的圣树。

明初大移民

元朝末年，以民族矛盾为主的社会矛盾日益尖锐，民怨沸腾，农民起义日益频繁。元政府对农民起义予以镇压，竭尽残暴之能事，争城夺地的殊死之战时有发生，两淮、山东、河北、河南之民十亡七八，以至于“春燕归来无栖处，赤地千里少人烟”。除兵乱之外，山东、河南、河北等地的水灾、旱灾、饥馑也连续不断。据《元史》记载，元朝末年山东、河南、河北发生灾情严重的水旱灾害达 28 次（山东 13 次、河南 8 次、河北 7 次）。大灾之后，往往伴随着大疫，灾区的百姓雪上加霜，人口大幅减少。元末兵燹的创伤未及医治，明初燕王朱棣发动的“靖难之役”又接踵而至，这场长达 4 年的皇位争夺战，再次加剧了河北、河南、山东、江苏等地的灾难，致使东西六七百里、南北近三千里的广阔地域，几为废墟，形成了许多无人区。为了巩固政权，恢复生产，明政府采取了以移民垦荒为主的振兴农业的措施。面对着荒凉的黄淮海平原，从何处移民？明朝统治者的目光投向了山西。

当元末中原地区兵乱荒疫不断之时，素称“表里山河”的山西却是另外一种景象。由于自然地理的差异，山西地区在元末发生水旱灾害的频次明显低于周边的河北、河南、山东（元末山西发生水灾、旱灾各一次），战乱也较少，社会秩序相对稳定。较之于邻近各省，山西就显得经济繁荣、人丁兴旺。再者，相邻诸省也有大量难民逃往山西，致使山西成为人稠地狭的地区。元人钟迪在《河中府修城记》中说到元末晋南一带的情形：“当今天下，劫火燎空，洪河南北，噍类无遗。而河东一方，居民丛杂，仰有所事，俯有所育。”明洪武初年，由于在长期战争之后人口锐减，政府对人口偏少的州、县进行降格、撤并，全国共降废 485 个，其中北方 5 省降废 206 个，山西降废的数量最少（28 个）。由此看来，山西属于明显的“地狭人多”地区。据《明实录》记载，洪武十四年（1381）河南、河北的人口均为 189 万人左右，而山西的人口却多达 403 万人。山西一地的人口数量比河南、河北两地人口的总和还要多几十万。这样，山西不可避免地成为明初的迁民之地。

根据文献记载，明代前期山西的移民主要迁往华北平原的彰德四府：彰德、卫辉、开封、怀庆，东昌三府：东昌、广平、大名，即现在的河南安阳、卫辉、开封、沁阳，河北邯郸、大名，山东聊城地区。迁往七府的山西移民中，原籍为平阳府的几乎占到一半。明初的户籍管理十分严格，洪武十四年

（1381）朝廷在全国建立了黄册制度（人口登记制度）。明代前期的山西移民主要发生在洪武二十一年（1388）之后，明廷以黄册制度为基础，保障了政府组织的政策性移民有条不紊地进行。将平阳府6州、28县迁出的移民集中到一个地方办理相关移民手续是十分必要的，也是合乎情理的。从地理区位、交通道路的情况来看，从平阳府前往华北平原中部的东昌三府、彰德四府，首选的道路就是由洪洞县向东途经太岳山上党关、太行山东阳关的官道。这条道路在明代之前就是沟通临汾盆地、长治盆地、华北平原中部的主要通道。基于交通便利的考量，平阳府把移民的集散地放在洪洞县也是必然的。

其实早在十六国时期，这条古道就已十分重要。公元318年，匈奴汉国的皇帝刘聪死后，平阳地区陷入了内乱之中，石勒率兵进驻平阳附近的襄陵（今山西省临汾市襄汾县襄陵镇），有4万余落羌族、羯族投奔石勒。平阳城被石勒大军包围，又有10万余落羌族、羯族归附。石勒把这数十万归附的羌族、羯族迁到太行山以东的襄国（今河北省邢台市）。这数十万人就是从今洪洞县向东，穿越太岳山到长子，经过黎城县东下太行山，到达目的地的。北朝时期的地理书《冀州图》云：“（鹿谷山）在（长子）县西，有大道入壶口，东出达襄国，西登奚斯巨岭，以达河东。”鹿谷山，今称盘秀山，古代也称摩诃岭、奚斯巨岭，在今长治市长子县西北、屯留区西南，著名的上党关就设在山顶。壶口，即太行山壶关口，在今黎城县东阳关附近。从平阳到襄国，经过太岳山上的上党关、太行山上的东阳关，是最便捷的一条道路。这条道路可以被称为“平阳—襄国大道”，用现在的地名来说，就是“洪洞—邢台大道”。石勒在上党一带作战时，曾多次在这条路上往返。可见这条道路在当时的通行条件是比较好的。另外，从河东的池盐行销路线也可以推断洪洞县是晋南地区通往上党地区的中转站。根据清代编修的《河东盐法备览》一书，运城—洪洞—黎城的运盐路线：从洪洞县曲亭镇经过安泽县良马、上党关、屯留县（今山西省长治市屯留区）丰宜、长子县鲍店镇、潞城县（今山西省长治市潞城区）到黎城县。洪洞县的曲亭为潞盐东运的中转站，运往潞安府8县之盐都从这里通过，曲亭因此成为一方巨镇。清代的运盐路线沿用了元明时期的路线。因为洪洞县的曲亭镇为交通枢纽，所以洪洞县成为移民的主要集散地也就不难理解了。

名扬天下的大槐树，在洪洞县城北1千米处。明代，这里有一座广济寺，系唐代贞观年间的建筑，寺院宏大、殿宇巍峨。因为驿道就从寺前经过，所以唐宋以后在此地建有驿站，常驻驿官办理四方来往的公差事务。

明初移民时，朝廷在广济寺设局驻员，集中移民，编排队伍，发放“凭照川资”，大槐树下就成了移民汇集之所。据记载，移民活动大多在晚秋进行，此时槐叶已落，树杈间的老鹳窝显得十分醒目。移民们临行前，凝眸高耸的大槐树，栖息在树杈间的老鹳不断发出凄凉的叫声，仿佛在向远行的人们告别，令别离故土的移民潸然泪下，不忍离去。频频回首，最后只能看见大槐树上的老鹳窝。大槐树和老鹳窝就成为移民惜别的标志。从晋南地区各县迁出的人们移居他乡，把洪洞大槐树、老鹳窝的故事流传给后代，聊解思念故土之情。天长日久，洪洞大槐树的故事不仅在国内妇孺皆知，而且随着一些侨胞漂洋过海，在全世界广为流传。根据《明史》《明实录》记载，从洪武二十二年（1389）到洪武二十八年（1395），山西迁往河北广平府、大名府，山东东昌府，河南彰德府、卫辉府、开封府、怀庆府的移民就有50余万人。永乐年间，还有数十万山西人迁出。

永乐四年（1406），明政府迁都北京，为巩固中枢之地，多次向河北地区移民。移民大多分布在当时的北京、真定府、广平府、顺德府、大名府所属县，现有据可查的有70多个县、市。据北京和河北民间的家谱、碑文记载，永乐年间自山西迁入者颇多。移民迁入后多以姓氏为村名，也有以迁出县名为村名的，如北京郊区的“屯留营”“长子营”。河北省赞皇县地名办公室普查，全县212个行政村有65个村庄有山西移民的后代居住。而河北省的孟村县，其县名就与明代山西洪洞县孟氏移民有关。永乐初，洪洞人孟氏迁居此地，建孟村，经过数百年发展，成为一方之中心，1955年成立孟村县，县城设于孟村。

山西移民迁到各地，除在地名上有所体现外，在民俗方面也产生了广泛影响。如山东部分地区有清明节蒸面燕的习俗，面燕又称“子推燕”，原是山西人纪念介子推的习俗，随着移民入居山东，这个习俗在山东也流传很广。另外，山东各地在清明节都有插柳条、松枝的习俗。在晋南各县，清明节插柳条的习俗至今盛行。

明代迁往上述各地的部分山西移民后来又转迁到福建、广东、云南、四川、贵州及东北、西北等地，山西移民的后代几乎遍及全国各省、区。在中国古代历史上，如此长时间、大范围、有组织的大规模移民是罕见的，而将一处之民散移四处者，仅此一例而已。

康熙版《平阳府志》洪洞县县域图

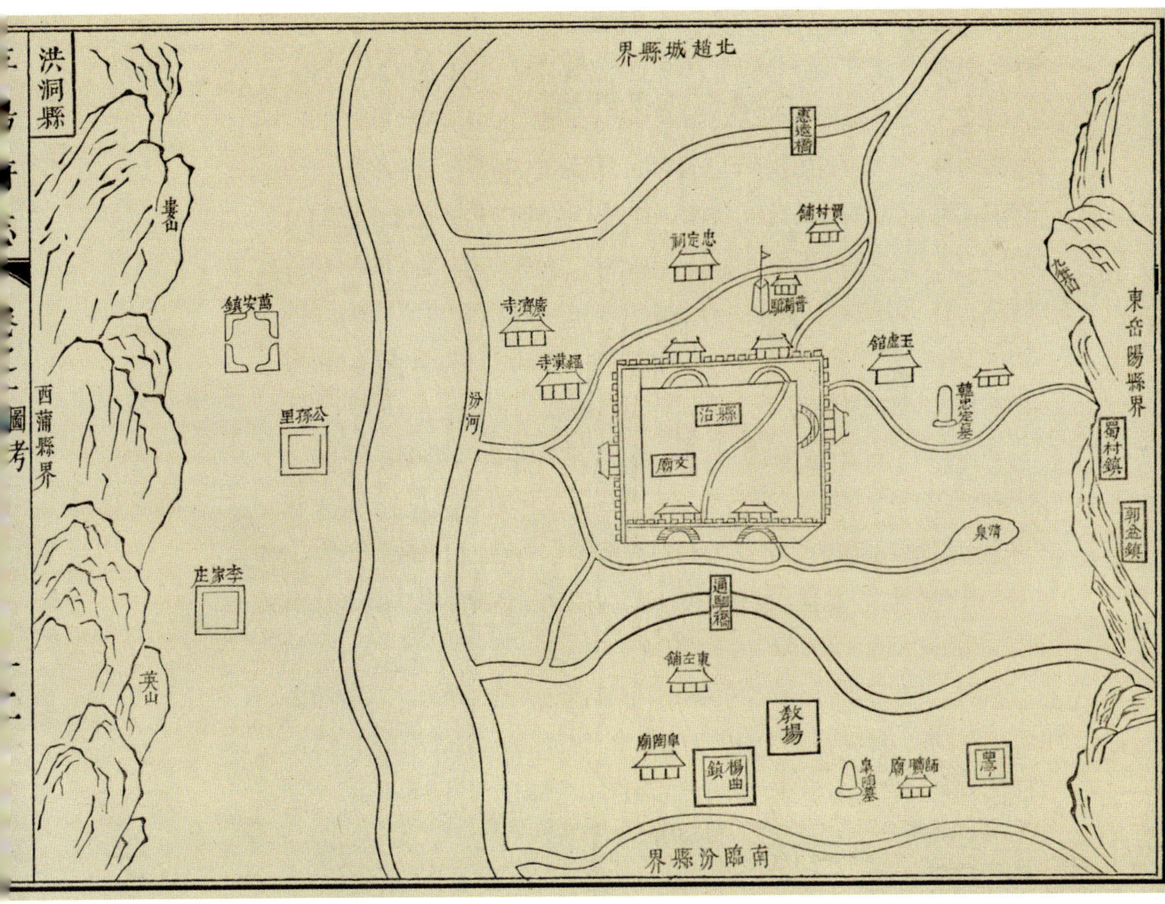

古大槐树

明朝的广济寺和大槐树早已被汾水冲毁，幸而在古大槐树的东边同根孳生出第二代古槐，后又干枯，1974 年被飓风吹倒，县政府拨款予以整修。第二代古槐的北边又同根孳生出第三代古槐，现枝繁叶茂，生长茁壮。

原来人们并不十分重视古大槐树处迁民遗迹，现在的建筑是 1914 年由洪洞人景大启、刘子林倡议募款而建的。清朝末年，景大启在山东曹州为官，交游颇广。在宦游中，当地官吏和百姓知道他是山西洪洞人，都热情招待，都说山西洪洞县是他们的故乡，并拿出家谱让景大启观看。当时洪洞人刘子林也在山东当官，两人相商，准备修建古大槐树古迹。次年，洪洞人贺柏寿从河南杞县返乡，说在河南也遇到不少洪洞移民的后代，也积极加入筹建移民古迹的活动中来。后来辛亥革命爆发，筹建事宜一度中断。当时，山西的革命党人杀死了巡抚陆钟琦，清廷派卢永祥率军队镇压山西的革命军。卢军所到之处肆意抢掠，唯独到洪洞秋毫无犯。原来卢军士卒多系山东、河北、河南诸省人，不少人都是明初洪洞移民的后裔，他们早就从祖辈那里知道了洪洞县是自己的故乡，如今来到大槐树下，纷纷下马罗拜，不愿离去。这些士卒在洪洞不仅没有抢掠行为，有些人还把从别的地方抢来的钱财供施于大槐树下。洪洞人因为大槐树而免遭了一场浩劫，百姓都认为是大槐树保佑了洪洞人，有“御灾捍患”之功，对大槐树移民遗址的修建产生了共鸣。民国三年（1914），景大启、刘子林、贺柏寿等人重新返回洪洞，牵头组织了大槐树移民古迹的修建。

古大槐树处古迹由大槐树、碑亭、茶室、牌坊组成。碑亭建在原来的古大槐树处，亭中竖立着青石碑一座，碑阳镌刻“古大槐树处”5 个隶体大字，碑阴刻有贺柏寿撰写的《重修大槐树古迹碑记》，简述迁民事略和重修古迹之事。在碑亭南 20 余步，建有牌坊一座，古色古香，横额雕刻着“誉延嘉树”，阴面雕刻有“荫庇群生”。

现在，这里已建成一座翠柏绿槐、清静幽雅的大槐树祭祖园，占地面积 10 万平方米，总建筑面积为 2.6 万平方米。从 1991 年开始，每年 4 月 1 日至 10 日，洪洞县政府在大槐树祭祖园举办“洪洞大槐树寻根祭祖节”。这一祭祖活动已成为全球华人共同的盛会。

上　第二代、第三代古槐（荆小英　摄影）
下　位于古官道旁的古大槐树处（荆小英　摄影）

苏三监狱

全国现存唯一的明代县衙监狱

苏三监狱在洪洞县城旧县衙（今县政府所在地）内西南隅。

苏三监狱因曾经关押过脍炙人口的戏剧故事《玉堂春》中的女主人公苏三，而得名。就像王实甫的《西厢记》使山西永济市的普救寺名扬天下一样，《苏三起解》让洪洞县的知名度在全国2000多个县中名列前茅。明代末年，冯梦龙根据一些史传资料和传闻，把苏三的故事编成一篇曲折动人的白话小说《玉堂春落难逢夫》，全篇24000余言，收录在他的著作《警世通言》中。从清初开始，梨园界把苏三的故事编成剧本《玉堂春》（一名《三堂会审》），在民间广为演唱，大江南北、黄河两岸的百姓们对这一出充满人情味的独具特色的爱情戏格外喜爱，百看不厌。不仅是蒲剧、秦腔、豫剧、河北梆子等北方剧种有此剧目，南方的川剧、越剧、滇剧、粤剧、汉剧等剧种也将此剧作为保留剧目。随着《玉堂春》风行全国，洪洞县、苏三、王三公子、崇公道成了村夫老妪耳熟能详的地名和人物。

苏三监狱由过厅、普通监狱、死牢三部分组成，总面积为600多平方米。监狱的大门原来朝南开，20世纪60年代，南大门被拆除，另修了现在这个大门，门前为南北大街。跨过厅门即进入普通监狱，普通监狱由东西相对的两排监房组成。监房的门很低，窗子比较小，窗棂粗实，监房窄小阴暗，苏三最初就被关押在这里。在南头有两间房子，是当时狱卒的住所，叫禁房。禁房的东侧是死囚牢。禁房的西侧有一块《复修苏三监狱碑记》石碑，记载着苏三的身世和监狱的沿革。禁房东侧的死囚牢亦称“虎头牢”，因为在牢门上方刻画着古代传说中的动物“狴犴（bìàn）”的头像，青面獠牙，狰狞可怖，酷似虎头。下面有一个矮小的门洞，犹如虎口。牢门的结构是双墙双门，是明代标准的死囚牢门。牢门高不足3尺，墙厚达2米，人需要弯腰才能进入。进入此门，行数步，再过一门，就进入死囚牢院。在死囚牢院的正北，是3孔首尾相接的窑洞，民间称之为“枕头窑”。当年苏三曾被关押在西边的一孔窑内，俗称“苏三牢房”。“苏三牢房”内阴森潮湿，有一又低又短的土炕，人只能坐着。牢房外的院中有一口井，深丈余，井上盖一块青石，青石中间有碗口大的孔作为井口，井口周围有被绳索磨出的许多小槽。这口井是专门为牢内的犯人设计的，只能打水，无法投井自尽。井旁有一石槽，供洗衣使用。槽边斜置一捶衣石。当年苏三曾在此汲水洗衣，后人遂称此井为“苏三井”。牢院的围墙高大坚厚，高达一丈八尺，人称“丈

上　虎头牢
下　苏三井

八墙”。“丈八墙”的厚度为五尺一寸，墙内灌流沙，防止犯人从墙上打洞越狱。

洪洞县衙里的这座监狱，因为苏三的动人故事，在人们的心目中也就多了一些传奇色彩，多了一份关注。各地的明代监狱随着历史的变迁都已不复存在，唯独这个监狱，从明洪武初年一直完整地保存到20世纪60年代。虽然在清康熙三十四年（1695）和光绪四年（1878）有过两次重修，但都是按照明代的原样复修。因而，苏三监狱是我国唯一保存完整的明代县衙监狱，是研究明代刑律和县衙监狱规制的实物资料，有着重要的历史价值。1959年，苏三监狱被列为山西省重点文物保护单位。1962年，著名学者王冶秋先生在考察苏三监狱后，挥笔赋诗曰：“虎头牢里羁红妆，一曲搅乱臭水浆。王三公子今何在，此地空余丈八墙。”“文革”时期，在“破旧立新”的狂潮之中，苏三监狱也惨遭厄运，被下令拆毁。1984年，在文物部门的支持下，洪洞县人民政府组织人员，挖掘苏三监狱的原址，根据原来监狱的面积、布局、结构，重新修复苏三监狱，保持了原来的规模和风格。重修后的苏三监狱，前往考察参观的各界人士络绎不绝。著名剧作家马少波在考察修复的苏三监狱后，触景生情，题诗一首：“哀哀弱女诉冤情，俯首古槐不忍听。藐贵团圆缧绁侣，至今南北唱金龙（金龙即代指王三公子）。”

1992年，苏三监狱又增加了新内容，把狱院内东厢房展览室开辟为苏三蜡像馆，正面塑造5组蜡像，介绍了苏、王相识、入狱、押解、平反、重欢的全部情节，人物形象逼真。由于苏三这一艺术形象早已深入人心，苏三监狱这一处历史遗迹必将吸引更多的游客前往访古。

左　王冶秋先生墨迹碑

右　马少波先生墨迹碑

阿

广胜寺

珍品遍布的元代建筑群

洪洞县之闻名，还因为这里有一座历史悠久的广胜寺。广胜寺坐落于洪洞县城东北 17 千米的霍山南麓，历史悠久，建筑风格独特。现在寺中所存的佛像、壁画，多为元代作品，艺术精湛。

霍山是霍泉的发源地，山上古柏苍翠，山下泉水潺潺，山清水秀，风景优美。广胜寺创建于东汉桓帝建和年间（147—149），原名阿育王塔院，亦称俱卢舍寺。南北朝时，寺院被毁。唐肃宗上元元年（760），在原址重建佛塔。大历四年（769），河东观察使郭子仪看到这处佛教圣地有塔无寺，便奏请重修寺院。寺院建成后，唐代宗御赐寺名为“大历广胜之寺”，取“佛法广大于天，此地胜名于世”之意。广胜寺之名从唐代大历年间一直沿用至今。

元大德七年（1303），洪洞、赵城一带发生了一次大地震，给当地带来了一次毁灭性的破坏，广胜寺的建筑在这次大地震中也未能幸免，汉唐以来的建筑荡然无存。两年后，广胜寺开始重建。现在广胜寺中的主要建筑大多是元代大地震之后重新修建遗存下来的，只有上寺的飞虹塔和大雄宝殿是明代的建筑。明清时期，广胜寺又经历了两次较大的地震，但主要建筑基本完好，局部的添配修补都是按照元代的建筑风格来进行的，因而现存的广胜寺是以元代风格为主的古建筑群，具有很高的历史价值。

20 世纪 30 年代，《赵城金藏》在广胜寺被发现，轰动了国内学术界，广胜寺之名传遍全国。梁思成先生在考察了广胜寺的古建筑之后说：“国人只知道藏经之可贵，而不知广胜寺建筑之珍奇。”1961 年，国务院公布了 77 处全国重点古建筑及历史纪念建筑物，广胜寺名列其中。能被列入全国的第一批国保单位名单，广胜寺自有其不同凡响之处。

左　上寺全景
右　飞虹塔琉璃构件

广胜寺的建筑与壁画

广胜寺由上寺、下寺、水神庙三部分组成。

上寺

上寺因为位于山顶，故称。上寺有一座 13 层的琉璃佛塔，这就是有名的飞虹塔。飞虹塔和山西应县木塔、河南登封的嵩岳寺塔、云南大理的千寻塔，并称为中国四大名塔。

飞虹塔建成于明嘉靖六年（1527），高 47 米，平面为八角形，塔身用砖砌，外镶黄、绿、蓝三色琉璃烧制的神龛、斗拱、莲瓣、盘龙、人物、鸟兽和各种花卉图案，把塔身装饰得绚丽多彩，宛如飞虹，故名。1934 年，林徽因、梁思成先生考察广胜寺时认为，虽然飞虹塔的“各种琉璃瓦饰用得繁缛不得当，如各朵斗拱的耍头，均塑作狰狞的鬼脸，尤为滑稽；但就琉璃自身的质地及塑工说，可算无上精品”（林徽因、梁思成《晋汾古建筑预查纪略》）。塔的底层有补建于天启二年（1622）的木围廊，在围廊之上，南面出抱厦一间，十字歇山顶。在飞虹塔的第二层，有藏式喇嘛塔一座，高 3.5 米，形成了“塔中塔”格局。塔的收分很急，愈往上，塔身愈窄，最上层只有底层的 1/3 左右，上下各层的塔檐檐角轮廓成一直线。飞虹塔是广胜寺的标志性建筑，是国内现存最大、最完整的明代琉璃塔，也是世界上最高的多彩琉璃塔，虽然历经近 500 年的风雨沧桑，依然鲜艳

如新，是广胜寺的第一珍品（以下提到的广胜寺珍品，按照其在建筑群出现的顺序排列，并不代表其艺术价值的高下）。

飞虹塔之北的**弥陀殿**是上寺的前殿，面阔五间，进深六椽，单檐歇山顶，虽经明代重修，但梁架结构是元代遗构。屋脊宝顶有“皇帝万岁”字样。前檐铺作为五铺作双昂，后檐铺作为五铺作单杪单昂。前檐当心间用补间铺作2朵，次间用1朵，梢间不用。东西两侧的山面不用补间铺作。这种正面与侧面完全不同的补间铺作布置，在其他地方很少见到。当心间开门，没有开设窗户，也比较少见。阑额较细，普拍枋宽大，阑额在角柱的出头处斫作楮头，普拍枋抹角。梁思成先生他们当年考察时，认为此殿的普拍枋在柱头上采用《营造法式》中所说的“勾头搭掌”的做法，让他们“初次开眼”。（实际上，现存最早使用普拍枋的平顺大云院的普拍枋在柱头处就是采用“勾头搭掌”的做法，这也是山西各地古建筑的普遍做法。）殿内两山下使用了两根大昂，昂的下端承托在殿内山面铺作的要头之上，昂头伸出殿外作为山面铺作的要头，后尾高高翘起，直接支撑着平梁的中段，在结构上尤为巧妙。为了扩大殿内空间，采用了减柱与移柱并用的方法，前后仅用4根柱子，这4根柱子并没有像一般建筑物那样设在当心间的两侧，而是移到次间的中线上。殿内供奉阿弥陀佛、观音菩萨、大势至菩萨。两侧有菩萨立像，面相圆润，神态凝重，胸配瓔珞，足踏麒麟。梁思成先生认为其有宋代雕塑的风韵。精美的菩萨立像，是广胜寺的第二珍品。殿中的扇面墙上有大幅壁画，为众多菩萨拜佛的画面。东壁残存四列水陆画，线条流畅，色彩协调。著名的佛教经典金版《大藏经》曾一度收藏在弥陀殿内，后来被称为《赵城金藏》。在彩塑佛像之前，有一尊雕像，是为保护《赵城金藏》作出重大贡献的力空法师的雕像。扇面墙背后有弥勒佛和4尊胁侍塑像，右前方的寒山张嘴大笑，似乎正在奔跑，两个衣袖迎风飘起，颇有动感。

右上　上寺弥陀殿彩塑

右下　上寺弥陀殿壁画

上寺的中殿，即**大雄宝殿**，面阔五间，进深六椽，单檐悬山顶。檐下铺作简洁，没有补间铺作。大殿的佛龛内供奉着释迦牟尼佛和文殊菩萨、普贤菩萨，是金元时期的木雕精品，造型秀美，栩栩如生。梁思成先生认为其有宋代遗风，“其中尤以菩萨为美”。菩萨前面的几尊侍从塑像个性鲜明，艺术价值也很高。3 间佛龛上镂空浮雕的花草、瑞兽、几何纹，刀法细腻，雕工一流，被梁思成先生誉为“木雕中之无上好品”。在殿内正中的上方有一块“光辉万古”匾，上款“癸巳菊月”，落款“皇四子和硕雍亲王敬书”。癸巳即康熙五十二年（1713），当时雍正的身份是和硕雍亲王。雍正题写的匾额很少，以皇子身份所写的匾额更为罕见。大雄宝殿内的木雕佛像和佛龛上的镂空浮雕，是广胜寺的第三珍品。

大雄宝殿西侧有**韦驮殿**，殿内的韦驮塑像头戴精美的头盔，身穿考究的铠甲，手足的造型极具动感，显露出英武之气，是许多寺院里的韦驮塑像所无法比拟的，属于元代雕塑精品，是广胜寺的第四珍品。韦驮塑像右前方的侍从塑像，张嘴瞪眼，表情夸张，极具个性。殿内东壁有《诸仙赴会图》壁画。

上寺的后大殿称**毗卢殿**，面阔五间，进深四间，单檐庑殿顶，明代重修，

大雄宝殿“光辉万古”匾

上　上寺韦驮殿内的韦驮塑像

下　上寺韦驮殿东壁壁画

梁架保留了元代遗构。由于在屋顶没有推山，屋顶正脊的长度很短，这样的屋顶外观很少见。屋顶正脊的宝顶琉璃制品精美而繁多，光彩夺目。檐下铺作为五铺作双下昂，当心间用补间铺作 2 朵，两次间、两梢间以及两山各用 1 朵。阑额在角柱的出头处斫作楂头，普拍枋抹角，与弥陀殿的形制相同。殿内两山面中线上有大昂尾挑于上平槫之下，4 根金柱外移。殿内的彩塑佛像技法一般，几尊菩萨塑像较为清秀。殿内四周布满绘制于明正德八年（1513）的壁画，北壁绘有十二圆觉，色彩协调，线条流畅。该殿南面当心间设格扇门，门上的格眼由许多梭形和箭形的木雕片镶成，做工十分精细，代表了明代小木作工艺的最高水平，是广胜寺的第五珍品。

上寺**地藏殿**的悬塑菩萨像十分精美。地藏王菩萨端坐正中，十殿阎王位于两旁，周边悬塑采用彩绘描金手法，楼阁错落，塑像林立，色彩缤纷，为明代作品，颇为珍贵。上寺地藏殿的悬塑菩萨是广胜寺的第六珍品。

左　上寺毗卢殿正立面
右上　上寺毗卢殿屋脊宝顶
右下　上寺地藏殿悬塑局部

下寺

下寺建于霍山脚下，依山傍水。下寺的建筑群由天王殿、前佛殿、钟楼、鼓楼、大雄宝殿、配殿等组成。

天王殿现在是下寺的山门，面阔三间，进深四椽，单檐歇山顶，是一座别致的元代建筑，因为在前、后檐下各有“垂花雨搭”，在视觉上形成了重檐的效果，这也是现存古建筑中的孤例。阑额在角柱的出头处斫作楮头，普拍枋抹角。檐下铺作为五铺作单杪单昂，侧面山柱上用双杪，耍头为蚂蚱形。“垂花雨搭”由檐柱挑出的 4 根悬柱支撑，悬柱之间有阑额、普拍枋，在普拍枋之上为单杪四铺作。梁思成先生当年考察时有云：“山门外观奇特，最饶古趣。”天王殿内的梁架特殊，使用了 3 根月梁、3 个蜀柱，中间的蜀柱上有丁华抹颏拱，两山面有斜起的大昂搭于四椽栿上，平梁上没有使用叉手，两侧使用了连续的两个托脚。尤其是在平梁上并立了 3 个蜀柱，属于古建筑中少见的情形。

下寺**前佛殿**面阔五间，进深六椽，悬山顶。檐下铺作为四铺作。铺作正心用泥道重拱，出一跳单昂，跳头施令拱、替木。除了前檐当心间有 1 朵

左　下寺天王殿侧视

右上　下寺前佛殿

右下　下寺前佛殿人字形斜梁

补间铺作外，前、后檐都只有柱头铺作，显得古朴简洁。殿内的梁架结构奇特，仅在当心间前后立内柱，次间不用；在当心间内柱与山柱之间施庞大内额；而在次间与梢间之前、后檐柱上，自铺作上安置向上斜起的梁，犹如巨大的昂尾，前、后两大昂尾相抵于平梁之下，形成人字形爬梁，承托着平梁的中部，斜梁伸出殿外作为铺作上的衬方头。这种人字斜梁是我国现存古代建筑中罕见的实例。梁思成先生认为，这种梁架结构是罕见的宋代以前的建筑规制，日本早期的一些古建筑也传承了这种梁架结构，而不是日本的自创。梁思成先生在考察了这种梁架结构后赞叹说：“广胜寺各构，在建筑遗物实例中的重要，远超过于我们起初所想象的。”这种人字斜梁是广胜寺的第七珍品。殿内两山的梁架用材极为轻秀，为一般大型建筑物中少见。殿内东壁残存少量壁画。

前佛殿东西两侧有小巧的钟、鼓楼，紧挨着大殿，底层开门，上层十字屋脊，钟、鼓楼如此安排，国内罕见。

下寺的**大雄宝殿**俗称后大殿，乃下寺的主殿，是元代木构建筑的代表，巍峨壮观。大殿面阔七间，进深八椽，单檐悬山顶。前檐柱头铺作为五铺作单杪单昂，没有补间铺作。该殿古朴的铺作风格与前佛殿类似。泥道重拱之上施柱头枋一层，间隔很远才置压槽枋。殿内的梁架结构也采用了减柱法和移柱法，多处使用弯料。传统的梁架结构应该是在殿内前、后排列两行金柱，每行各为 6 根。但此殿前、后排各用了 4 根柱子（即减柱法），并且都移开了其本应所在的位置（即移柱法）。减柱法和移柱法的运用，使殿内空间加大，形成了近 500 平方米的开敞空间。前、后檐次间和梢间的乳栿斜搭于原木大内额之上，成为八字斜梁，和前佛殿的人字形梁架近似。这种同时使用大内额与斜梁的建筑，现存最早的是襄汾县普净寺大佛殿。著名的《赵城金藏》长期藏于大雄宝殿内。殿内靠墙有长方形佛坛，佛坛供奉三世佛、文殊、普贤二菩萨及侍立菩萨塑像，为元代塑像精品。毗卢遮那佛前现存的一尊胁侍菩萨，眉目清秀，小嘴高鼻，衣纹的线条流畅。梁思成先生对殿内

左　下寺大雄宝殿
右　下寺大雄宝殿塑像

塑像评价很高："侍立诸菩萨尤为俏丽有神，饶有唐风，佛容、衣带，庄者庄，逸者逸，塑造技艺，实臻绝顶。"大雄宝殿的梁架结构和殿内俏丽的菩萨塑像，是广胜寺的第八珍品。大殿西壁原有《药师佛佛会图》、东壁原有《炽盛光佛佛会图》，都是元代的壁画珍品，90 多年前被卖到了国外。古殿犹在，壁画已失。面对空荡荡的墙壁，我们只能感慨惆怅。

1934 年，梁思成、林徽因夫妇和费正清、费慰梅夫妇到广胜寺进行古建筑考察，根据费慰梅在《林徽因与梁思成》一书中的叙述，他们当年来到下寺的时候已经是夜幕降临，当晚他们就住在下寺，梁思成夫妇住在下寺的大殿内，费正清夫妇住在钟楼的露天平台上。书中叙述如下："这时候我们已累极了。寺僧们鼓舞了我们的情绪，他们接待我们，供我们食物。并让我们在任何喜欢的地方支帆布床。梁氏夫妇选了大殿里边，睡在大佛的庇荫下，睁眼就能研究顶上的建筑。我们则情愿睡在小钟楼护栏里的露天平台上，仰头就能望见灿烂的星空。"

大雄宝殿西侧有一朵殿，殿内有一尊铜像，即梁思成先生在考察广胜寺下寺前佛殿时所见的类似埃及人的僧人像。近年工作人员将铜像由前佛殿移至这里。

水神庙

水神庙位于广胜寺下寺的西侧，与下寺仅一墙之隔。据《隋书·礼仪志》记载：“开皇十四年闰十月，诏东镇沂山、南镇会稽山、北镇医无闾山、冀州镇霍山，并就山立祠。……其霍山，雩祀日遣使就焉。十六年正月，又诏北镇于营州龙山立祠。东镇晋州霍山镇，若修造，并准西镇吴山造神庙。”雩祀是国家举行的礼仪盛大的、高规格的祈雨活动。如此看来，霍山之麓的水神庙可不是一般的水神庙，它是进入国家祭祀序列的最高等级的水神庙。霍山水神庙初建于隋开皇十四年（594）。霍山神在唐代被封为应圣公，宋代被封为应灵王，霍山之麓的水神庙被称为明应王殿，可见霍泉水神和霍山神是一体化的。

水神庙虽然不是佛教寺庙，但在历史上一直由下寺的僧人管理，因而和广胜寺关系密切。现存的水神庙主殿明应王殿，为元仁宗延祐六年（1319）重修。明应王殿面阔、进深各五间，重檐歇山顶。檐下柱头铺作为五铺作双杪，当心间有补间铺作 1 朵。柱间的额枋、雀替有木雕，四周有围廊。殿内采用了减柱法，减去了前排的两根金柱，使祭祀区域的空间开阔。

水神庙正殿的四壁绘满了元代的风俗壁画。壁画绘制于元泰定元年

左　水神庙明应王殿
右　元杂剧场景图

（1324），距今 700 年。水神庙壁画是中国古代为数不多的不涉及佛教和道教内容的壁画。1934 年，梁思成、林徽因先生考察水神庙时，指出水神庙壁画的题材“至为罕贵”，有巨大的艺术价值：“由美术史上来看，都是绝端重要的史料。”东壁的《龙王行雨图》和西壁的《祈雨图》相呼应。在南壁的东半部分绘有一幅“大行散乐忠都秀在此作场”的《元杂剧场景图》。这是我国目前发现的唯一一幅大型元代戏剧壁画，是研究中国戏剧发展史和舞台艺术的珍贵资料，被誉为广胜寺一绝。这幅戏剧壁画上共有 11 个人物，前排 5 人，后排 6 人。前排的 5 人是生、旦、净、末、丑角色，中间的演员女扮男装，说明当时男女演员已经开始同台演出。后排 6 人，左边的那个人从后台探出半个身子张望，有 4 人是乐队成员，其中有一位女乐手。

水神庙东壁壁画《祈雨图》（杭州大视角文化公司供图）

水神庙东壁壁画《龙王行雨图》（杭州大视角文化公司供图）

殿内的壁画内容丰富，还有《王宫尚宝图》《王宫尚食图》《梳妆图》《对弈图》《捶丸图》《售鱼图》等，为研究古代的戏剧、体育、民俗、服饰、建筑等提供了极为珍贵的历史资料。20 世纪 90 年代，水神庙壁画中的《元杂剧场景图》《捶丸图》被收入全国统编的历史教材中。有研究者认为，壁画中的《梳妆图》《对弈图》《捶丸图》《售鱼图》，是古人采用汉字的谐音，用图中的镜子、对弈、打球、卖鱼，表达“敬意求雨”之意。内容丰富、特色鲜明的水神庙壁画，是广胜寺的第九珍品。

《王宫尚食图》《王宫尚宝图》在北壁神龛的两侧，描绘了水神的宫廷生活场景。神龛东侧为《王宫尚食图》，占据了东侧的整面墙壁，是一幅单幅饮食题材壁画，画面高 5.38 米、宽 3.25 米，呈现的是膳房场景，反映了水神王宫中侍女们备食、奉食的情景，是我国古代壁画中罕见的大尺幅饮

左　水神庙壁画《王宫尚食图》
右　水神庙壁画《王宫尚宝图》

食题材类壁画。画面的中间有一条案，以条案为中心有侍女9人：6人手端盘盏，1人持鹤羽而立，2人正在火炉旁忙着烧水。画面上的人物线条流畅，妆容秀美，衣饰色彩富丽，姿态、动作各异，形态逼真。持鹤羽的侍女，为了保持身体平衡，身子微微向左倾。条案前的3位侍女分别捧盏、端壶、献食，准备随时迈步而出。后排最右侧的侍女，左手捧着一只小碗，正用右手的手背贴着碗壁，想知道碗中食物的温度是否合适，刻画细微。火炉旁的两个侍女，其中一人蹲在炉前掏炉灰；另一人左手提壶，右手用衣袖遮盖头发，防止炉灰扑面。画师把二人瞬间的动作定格，极具生活气息，也是整幅作品中最具动感的地方。画面上的火炉中出现煤炭，这是我国古代绘画作品中最早出现煤炭的画面，说明元代晋南地区已经开始使用煤炭，这幅画也因此被收入《中国煤炭史》。画面中侍女衣服上点缀的小碎花，器皿上装饰的几何纹样、植物纹样、八卦纹样，都起到了丰富画面的作用。作为画面背景的格扇门和帷幔都使用了暖色，尤其是黄色的帷幔，使得画面富丽堂皇。

神龛西侧为《**王宫尚宝图**》，有侍女7人：或抱古琴，或捧如意，或端寿桃，或端花瓶，既有正面像，又有背面和侧面像，桌子上摆放着宝瓶、玉盏、铜鼎。桌下有一个放置水果的木斗，为了水果保鲜，在木斗中放置了冰块，说明700年前的古人已用冰块来为食物保鲜。

《**梳妆图**》在东壁的北侧上方。古柏、翠竹、花卉间，一位女子正在举着双手整理自己的发髻，4位侍女在一旁伺候，她们手中拿着不同的东西。

东壁北下部绘有《**售鱼图**》，桌子上摆着酒缸、酒壶、酒杯、汤勺等器皿。有6个人物：桌后2人，一老一少，老者斟酒，少者捧杯；桌旁2人，其中一人手捧果盘，2人都注视着正在复秤的官员手中的秤。渔翁上着黄衫，下穿白裤，脚穿草鞋，腰带背后斜插一把长柄弯钩，身后有鱼筐，右手提着鲜鱼，身体微向前倾，面带微笑，看着复秤官员的脸色，似乎正和官员讨价还价。复秤的官员身体微向前倾，脚上穿着靴子，秤钩上吊着3条鱼，他的左手护着秤砣，两眼盯着秤星。画面上，身份卑微、看人脸色的卖鱼翁被刻画得惟妙惟肖。

《**捶丸图**》绘在西壁北侧上方，在山间的一块平地上，两位官员一东一西，持杆俯身，做攻球状，旁边有两位侍者站立。地上有一球洞，将球打入洞内即为赢。从画面的情形看，颇像现代的高尔夫球运动。画面上山势起伏、白云缭绕、树木葱葱、涧水淙淙，宛若仙境。

《对弈图》位于西壁北侧下方，画面以山石、瀑布、树木为背景，两位官吏在山间对坐下棋，旁边有 4 位神态各异的侍者观战，左边穿红色衣服的官员正在往棋盘上落子，右边的官员左手拄于腿上，右手放在棋罐中，几位侍者都手拿东西恭候一旁。从棋盘来看，似有象棋的楚河汉界，但从棋罐来看，又似乎是围棋。

在水神庙大门上方绘有《双龙图》，一条为黄龙，一条为黑龙。在双龙之下绘有卵石、钱币（泰定元年钱币、至大元年钱币、三月十八钱币）。泰定元年是水神庙壁画的绘制时间，北京大学的李淞先生对水神庙壁画有深入、系统的研究，他认为卵石象征龙宫，黄龙、黑龙以及泰定元年钱币、至大元年钱币、三月十八钱币都具有特殊寓意。

水神庙壁画和芮城县永乐宫壁画、稷山县青龙寺壁画、新绛县稷益庙壁画，共同奠定了晋南地区在中国古代壁画史上举足轻重的地位。

水神庙壁画《双龙图》

赵城金藏的传奇

佛教自东汉传入中国后，佛经也随之传入。《大藏经》是人们对佛教经典的总称。在北宋开宝年间（968—976），中国第一部木刻版的汉文大藏经——《开宝藏》问世。170多年后的金皇统九年（1149），在佛教大师尹矧迺和信徒刘法善、崔法珍“断臂化缘”的筹划下，以“解州天宁寺开雕大藏经板会”的名义，在解州天宁寺以北宋的《开宝藏》为依据复刻《大藏经》，有部分雕版工作在绛县的太阴寺进行，全部的雕版历时近30年完成，堪称中国文化史上的一大盛举。当时刊刻《大藏经》的经费主要是在晋南各县和关中各县募集而来。金代的《大藏经》雕版工作在晋南地区进行，与这一带在金元时期刻书业较为发达有关。在金代中期到元代中期，平阳是当时北方的出版中心，作为中国北方雕版印刷业代表的平水刻本，在中国雕版印刷史上占据重要地位。元世祖中统年间（1260—1264），这部《大藏经》在北京印刷，其中一部运到了当时的赵城县，供奉在广胜寺的下寺。因为这部《大藏经》雕刻于金代，从元代开始就一直供奉在赵城广胜寺，故被称为《赵城金藏》。《赵城金藏》印刷清晰，字体劲拔，反映了当时河东地区高超的雕版水平，是我国印刷史上的珍贵版本，是研究我国刻经史和版本史的珍贵资料。

《赵城金藏》图版《释迦佛说法图》复制品（吴运杰 摄影）

《赵城金藏》共分为四部分，第一部分为经藏，即释迦牟尼的说教集；第二部分为律藏，即佛教僧侣的戒律及佛寺的一般清规；第三部分为论藏，是对佛教教义的解说；第四部分为佛祖传记故事。《赵城金藏》共7000卷左右，约6000万字，全书按千字文的顺序编目，从“天”字开始，到“几”字结束，共682帙。经卷为卷轴式装帧，每轴由若干版粘贴成卷。《赵城金藏》每卷的卷首均有广胜寺刊刻的《释迦说法图》一幅。这部经卷以《开宝藏》为依据进行复刻，部分经卷尚留有咸平、天圣、绍圣等北宋真宗、仁宗、哲宗时期相关刻印的题记。元代印刷的《大藏经》，随着岁月的流逝，损坏流失殆尽，只有保存在广胜寺的这部《赵城金藏》基本完好，成为世界上仅存的一部卷帙最多的善本汉文《大藏经》。供奉在广胜寺下寺后殿的《赵城金藏》，在明代因管理不善，经卷渐有残缺，悟顺、普照等僧人曾予以抄补。清雍正年间，广胜寺的僧人又进行了一次较大规模的抄补。在清末民初，广胜寺下寺的僧人已不理佛事，《赵城金藏》流失严重，赵城绅士张瑞玑等人为保存好这些经卷，组织僧人于1928年把经卷由下寺的后殿转移到上寺的弥陀殿。

《赵城金藏》长期存于广胜寺，它巨大的历史价值并不为当地人所知，外界对之更毫无所知，也就谈不上对它进行评价了。1931年，有两位学者在西安的两个寺院里发现了世人罕见的宋代佛经《碛砂藏》，但残缺不全。有一位名叫范成的上海高僧，为寻找《碛砂藏》的残缺部分，到各地去访求佛经。一次，他听说山西赵城广胜寺存有许多经卷，便立即前往。1933年，范成来到广胜寺，在翻阅经卷的过程中，他惊喜地发现一些早已散佚的佛经，在这部经卷中可以找到相关线索。他如获至宝。随后，范成又在附近的乡下找回300多轴散落在民间的经卷。1934年，南京的蒋唯心先生到广胜寺校验经卷，撰写了一篇题为《金藏雕印始末考》的文章，对《赵城金藏》的历史价值给予了高度评价。这篇文章发表后，在国内外佛教界、学术界、新闻界引起巨大轰动，中外学者往赵城探访者络绎不绝。学术界称《赵城金藏》为“天壤间的孤本秘籍”。就这样，位于霍山之下的广胜寺，随着《赵城金藏》这一中华佛学瑰宝的发现，吸引了众多的目光。

1937年，全面抗战开始。日军在1937年9月侵占雁北，并向山西中南部入侵。当时，国民革命军第十四军驻防晋南，该军军长曾专门找到当时广胜寺的住持力空师父，想把《赵城金藏》转移到别的城市，力空没有答应。为安全计，力空组织人员把《赵城金藏》从弥陀殿中取出，存封于飞虹塔内。1942 年，力空听到一个消息：盘踞在赵城的日本侵略者，要在农历三月十八庙会期间，以“东方文化考察团”的名义“考察”广胜寺，企图把《赵城金藏》抢走，运往日本。力空心急如焚，经过一番考虑后，他果断作出了决定，把这一紧急情况通报给赵城县抗日政府，要求抗日政府派武装部队迅速转移《赵城金藏》。中共太岳区领导人安子文、陈赓、薄一波等人获悉这一紧急情况，立即部署抢运工作。具体抢运工作由中共太岳区二地委组织，赵城游击大队负责警戒，洪洞游击大队负责掩护，太岳军区第二军分区派一个营参加抢运和警戒工作。在农历三月十五日晚上，抗日军民趁着夜色，先把经卷从飞虹塔内运出，用肩扛到距广胜寺 5 千米的郭家节村，然后用牲口连夜驮运，送往安泽县抗日根据地。由于日军不断对抗日根据地进行“扫荡”，为了《赵城金藏》的安全，抗日军民又先后将之转移到沁源县和绵山县。

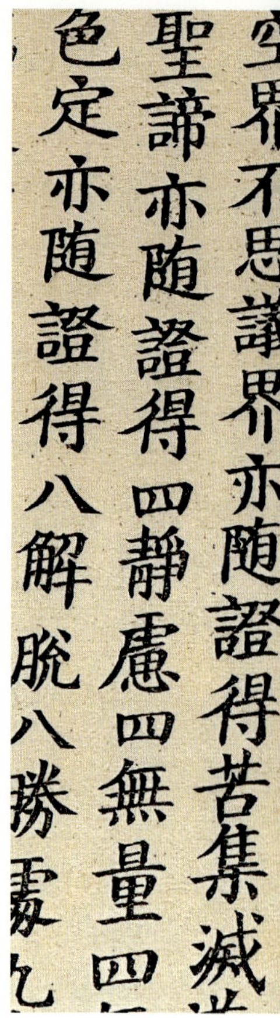
界不思議界亦隨證得苦集滅
聖諦亦隨證得四靜慮四無量四
色定亦隨證得八解脫八勝處九

1945 年抗日战争胜利后，晋冀鲁豫边区政府决定把《赵城金藏》转交给北方大学保存。1949 年春天，北平和平解放，《赵城金藏》从河北运往北平，入藏北平图书馆。国宝《赵城金藏》经历多次转移，最终入藏国家图书馆。抗日军民虎口夺经的故事也成为世界学术文化界的一桩美谈。

中华人民共和国成立后，国务院和文化部的有关领导对《赵城金藏》的修复工作予以极大的关注和支持。1964 年，《赵城金藏》的修复工作在历经 15 年后终于完成。1982 年，在国务院古籍整理出版规划小组的组织下，成立了《中华大藏经》编辑局，该局以《赵城金藏》为底本，重新编辑出版一部《大藏经》。1985 年 5 月，《中华大藏经》编辑局派人把已出版的部分《中华大藏经》赠送给广胜寺，现供奉在上寺的弥陀殿内。《赵城金藏》这部以宋代《开宝藏》为底本、雕刻于金代、印刷于元代的佛教经典，历尽艰险，在 1000 多年后，再度发出耀眼的光芒。而长期保存这一皇皇巨著的佛教圣地——广胜

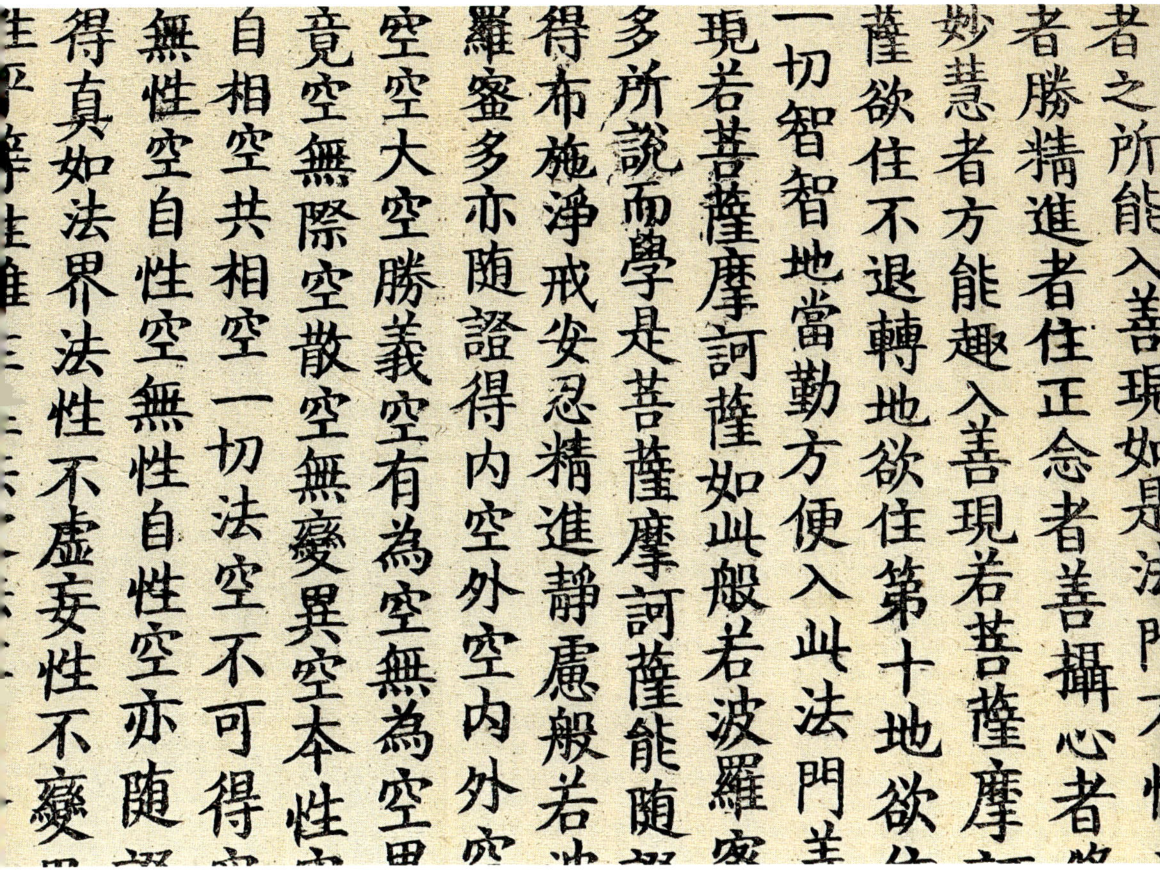

《赵城金藏》复制品局部（吴运杰 摄影）

寺，其名声也因之更加响亮。

历史悠久、文化厚重的广胜寺，其木构建筑中有不少元代遗构，不少梁架结构都是宋代以后罕见的实例，价值极高；各殿遗存的彩塑、壁画基本上是元代、明代的精品，弥足珍贵。广胜寺堪称珍品遍布，令人目不暇接，是值得细细品赏的历史人文胜地。

HUOZHOU SHI

霍州市

霍州市境内的行走路线：
鼓楼、霍州署都在霍州城内，
处于市中心3千米的辐射圈内，
彼此距离不远，
交通方便。

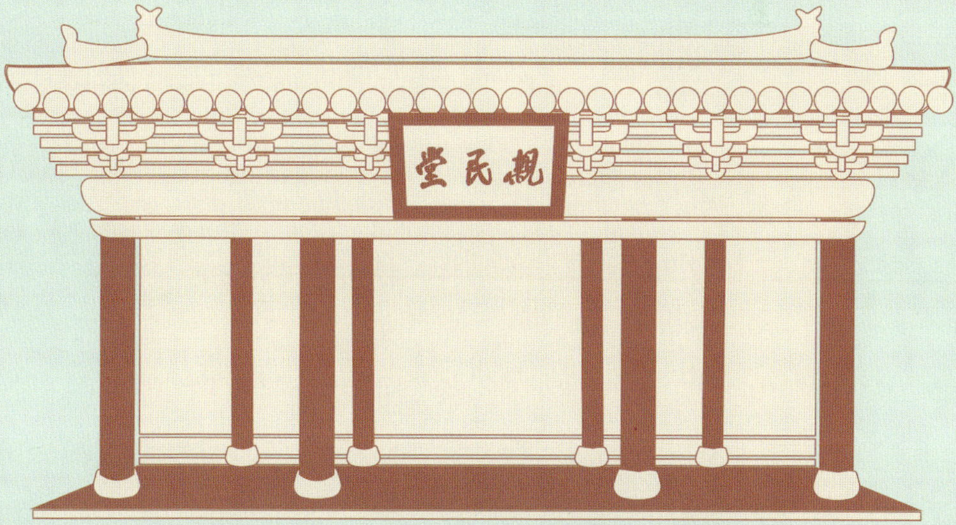

霍州鼓楼

矗立于市中心的鼓楼

霍州鼓楼建于明代万历十一年（1583），为三重檐十字歇山式阁楼，琉璃罩顶。台基高峙，用青石、青砖混合砌成十字券拱形通道，四向贯通。

木构楼阁面阔、进深各五间，三重檐，第二层出平座，四周围廊雕刻有花卉、禽兽等图案，屋顶安装有二十八宿琉璃造像和三彩琉璃脊兽。

鼓楼每面的当心间出歇山式抱厦，一层抱厦柱落地，二层抱厦柱为悬空垂柱。一、二两层的歇山抱厦增强了鼓楼外立面的层次感，打破了单一的直线直角，使每层的檐角由 1 个变化为 3 个，这是鼓楼建筑夺人眼球的关键。红色的柱子和彩色的琉璃把鼓楼装点得美轮美奂，3 层数十个飞起的檐角增强了鼓楼的飘逸灵动之感。

4 个门洞的上方各嵌砌一石碑。东为“对霍”，即东迎霍山之意；南为“迎熏”，意思是说广迎远方来客；西为“镇汾”，言鼓楼威镇汾河泛滥；北为“拱辰”，喻拱卫君王。

四面当心间抱厦下各悬挂贴金匾额一块，蓝地金字。东为“护国安民”，南曰“辅元开化”，西书“览秀西河”，北有“保障冀北”。

鼓楼是霍州的标志性建筑，高大的楼身格外显眼，看到鼓楼就说明已经进入霍州最繁华的老城区市中心了。

左　霍州鼓楼一、二层歇山抱厦
右　霍州鼓楼

文昌閣
護國安民

民堂
以教以養責在兢躬

霍州署

国内保存最完备的州署建筑群

霍州署位于霍州城内的鼓楼东街，现存仪门，戒石坊，大堂，二堂，东、西厢房，西书房等建筑，是国内保存最完备的州署建筑群。

仪门建于明嘉靖年间。仪门建在高台之上，整个霍州署的建筑都与仪门同在一个平面上。仪门面阔三间，进深四椽。

霍州署大堂是元代建筑，面阔五间，进深六椽，悬山顶，前有面阔三间的歇山顶抱厦。大堂建筑古朴典雅，结构奇特，被梁思成称为滑稽绝伦的建筑独例。他在《晋汾古建筑预查纪略》中这样记载："霍州县城甚大，庙观多，且魁伟，登城楼上望眺，城外景物和城内嵯峨的殿宇对照，堪称壮观。以全城印象而论，我们所到各处，当无能出霍州右者""在霍县县政府的大堂的结构上，我们得见到滑稽绝伦的建筑独例。大堂前有抱厦，面阔三间，当心间阔而梢间稍狭，四柱之上，以极小的阑额相联，其上却托着一整根极大的普拍枋，将中国建筑传统的构材权衡完全颠倒。这还不足为奇，最荒谬的是这大普拍枋之上，承托斗拱七朵，朵与朵间都是等距离，而没有一朵是放在任何柱头之上，作者竟将斗拱在结构上之原义意，完全忘却，随便位置。斗拱位置不随立柱安排，除此一例外，唯在以善于作中国式建筑自命的慕菲氏所设计的南京金陵女子大学得又见之。"（实际上，在极小的阑额上托着

左　仪门

右　戒石枋

一根极大的普拍枋的做法在山西地区还有多例，如芮城县城隍庙享亭、万荣县东岳庙献殿。斗拱位置不随立柱安排的实例在晋南地区也很多，如万荣县东岳庙献殿、夏县墙下村关帝庙献亭等。）大堂后槽额枋也属独一无二，额枋通常会使用一根粗大木料，这里却是用 3 根木料相接而成，中间夹的是一段“茹茹木”。茹茹木属灌木，通常难以成材，而这段茹茹木却有 30 多厘米粗、2 米长，堪称奇迹。据说用这段“茹茹木”，是为了提醒历任霍州署的官员要含辛茹苦、励精图治。大堂的梁架也有特色，平梁使用粗大的方形木料。大堂虽然进深六椽，但没有用六椽栿，而在前、后槽使用了粗大的内额，将四椽栿置于内额上，节省了两根六椽栿。大堂为了办公的空间开敞，减去了前排的柱子。

康熙年间，皇帝驾临霍州署衙，群臣在大堂参拜，康熙和部分大臣当晚在署衙休息。第二天，康熙观赏了署衙的建筑，有感于霍州的山水风光，题联一副：“日色才临仙掌动；香烟欲傍衮龙浮。”

大堂后面的建筑是“**鉴心堂**”，即二堂，是民国时期的建筑。一些不宜公开审理的案子在这里审理。

西书房是慈禧太后西逃西安，路过霍州时的下榻处。

上 大堂内景
中 霍州署二堂
下 霍州署西书房